Collection Théâtre et Mises en scène
dirigée par Christine Géray

Harold et Maude

Colin Higgins

Adaptation française de Jean-Claude Carrière

Présentation et interviews par
Henry-Pierre Blottier et Annie Paquet

HATIER

 ISBN 2-218-**06856**-7

Harold et Maude

MAUDE ET SES SO

La femme âgée est rarement sublimée par les écrivains et les cinéastes lorsque sa personnalité ne correspond pas aux critères de respectabilité imposés par la société ; le non-conformisme est parfois admirable lorsqu'il est signe de jeunesse ou de virilité, mais la vieille femme semble marquée d'une cicatrice honteuse, lorsqu'elle se permet de se démarquer par rapport aux normes établies.

Certains titres : *La vieille dame indigne* de Brecht, *La folle de Chaillot* de Giraudoux seraient en ce sens évocateurs, si la lecture de l'œuvre ne soulignait le caractère fort discutable de ces jugements liés aux idées reçues. Ainsi, Aurélie, la folle de Chaillot, est considérée comme une vieille excentrique ridicule par ceux qui dédaignent la fantaisie de ses vêtements et de ses attitudes ; en fait, Aurélie éveille l'émotion et l'estime de ceux qui voient en elle l'admirable protectrice de la nature, l'amoureuse de la vie : elle aime les arbres, les fleurs, les animaux... L'optimisme rayonnant d'Aurélie rejoint celui de Maude, lorsqu'elle sauve du suicide un jeune homme désespéré.

Cet amour de la vie, ce culte de la nature, cette jouissance qui valorise les choses simples, on les trouve également dans certaines œuvres de Colette : la romancière, âgée de 75 ans, s'exprime à travers Marcelle, la jardinière du *Fanal bleu*, qui tente de supprimer les cages, prisons pour les oiseaux, conçues par la société ; Marcelle voudrait transformer les troènes en « cages vivantes » qui offriraient abri et liberté. L'apologie d'une communion intense avec la nature à travers la sensibilité rare et l'acuité sensorielle d'une vieille dame est également illustrée par *Sido* : Colette honore dans cet ouvrage, le personnage de sa mère.

URS

Tout en étant vécu différemment par chacune d'elles, cet épicurisme exaltant pourrait rassembler dans un univers fraternel Maude, Marcelle, Aurélie, Sido et Madame B., la vieille dame de Brecht, mais leur personnage aurait toutefois une dimension trop romanesque voire utopique, s'il ne se teintait parfois d'une nuance attendrissante liée aux charmes simples de la vie quotidienne, tels les plaisirs de la dégustation : Maude grignote des pistaches à l'église, la vieille dame de Brecht savoure « ses chères biscottes », Aurélie déguste son verre de Chartreuse, et les héroïnes de Colette se gorgent avec ivresse des senteurs et des fruits de la nature.

Hommage à la vie, certes, et ces femmes semblent en connaître la juste valeur au terme d'une longue expérience, mais également hymne à la liberté qui devrait être la quête de toute existence. La vieille dame de Brecht refuse la sécurité pécuniaire que lui offrirait l'appartement de son fils : elle serait en revanche épiée, elle vivrait à l'étroit ; elle préfère le luxe et les richesses de la liberté. Et, au-delà de l'indépendance individuelle, Maude nous invite à être citoyens de l'Univers : « Le monde n'a plus de murs... les frontières, les nations, le patriotisme, tout ça n'a aucun sens. »

LA VIEILLE DAME

« Ma grand-mère avait soixante-douze ans quand mon grand-père mourut. Il possédait, dans une petite ville de Bade, un atelier de lithographie où il travailla, avec deux ou trois ouvriers, jusqu'à sa mort. Ma grand-mère, qui n'avait pas de servante, s'occupait du ménage, prenait soin de la maison vieille et branlante et faisait la cuisine pour les hommes et les enfants.

C'était une petite femme maigre, aux yeux vifs de lézard, mais au parler lent. Avec des moyens fort restreints, elle avait élevé cinq enfants, sur les sept qu'elle avait mis au monde. Elle en était devenue plus petite avec les années.

Les deux filles partirent pour l'Amérique et deux des fils s'en allèrent aussi. Seul le plus jeune, de santé délicate, resta dans la petite ville. Il devint imprimeur et s'offrit une famille beaucoup trop grande.

Ma grand-mère demeura donc seule à la maison quand mon grand-père fut mort.

Que devait-on faire d'elle ? Les enfants s'écrivirent des lettres à ce sujet. L'un d'eux pouvait l'installer chez lui et l'imprimeur voulait emménager chez elle avec les siens. Mais la vieille dame ne voulut rien retenir de ces propositions. Elle n'accepterait qu'un petit soutien financier de ses enfants, de ceux qui pourraient le lui fournir. L'atelier de lithographie, depuis longtemps désuet, ne rapporta presque rien à la vente, et il y avait les dettes.

Les enfants lui écrivirent qu'elle ne pouvait quand même pas vivre seule, mais comme elle ne se montrait pas du tout d'accord, ils cédèrent et lui envoyèrent chaque mois un peu d'argent. Après tout, pensèrent-ils, l'imprimeur habitait dans la même petite ville.

L'imprimeur, en effet, se chargea de donner de temps à autre à ses frères et sœurs des nouvelles de leur mère. Ses

* *La vieille dame indigne* s'intègre à un recueil de nouvelles de Bertold Brecht, *Histoires d'Almanach* (Éditions L'Arche). René Allio en a tiré un film.

NDIGNE*

lettres à mon père et ce qu'apprit celui-ci à l'occasion d'une visite et après l'enterrement de ma grand-mère, deux ans plus tard, me permettent d'imaginer ce qui se passa au cours de ces deux années.

Il semble que, dès le début, le fait que ma grand-mère ait refusé de le prendre dans sa maison, qui était vide alors et assez grande, avait déçu l'imprimeur. Il habitait avec quatre enfants dans trois pièces. Et la vieille dame ne maintenait plus avec lui que des relations très espacées. Tous les dimanches après-midi, elle invitait les enfants à goûter et, à vrai dire, c'était tout.

Elle rendait visite à son fils une ou deux fois par trimestre et aidait sa bru à faire les confitures. Elle se sentait trop à l'étroit dans le petit logement de l'imprimeur, c'est ce que la jeune femme conclut de certains de ses propos. L'imprimeur, rapportant cela, ne put se retenir de mettre un point d'exclamation.

Mon père lui ayant demandé dans une lettre ce que faisait la vieille dame, il répondit assez brièvement qu'elle allait au cinéma.

Il faut comprendre que ce n'était pas une chose ordinaire, pas aux yeux de ses enfants, en tout cas. Le cinéma, il y a trente ans, n'était pas encore ce qu'il est aujourd'hui. Des locaux misérables, mal aérés, installés souvent dans de vieilles salles de jeux de quilles, avec, à l'entrée, des affiches criardes annonçant des meurtres et des drames passionnels. En fait, n'y allaient que des enfants ou, pour l'obscurité, des amoureux. Une vieille femme seule devait certainement s'y faire remarquer.

Et dans cette fréquentation du cinéma il y avait une autre chose à considérer. Certes, l'entrée était bon marché, mais comme ce divertissement était plus ou moins classé parmi les gâteries, « c'était de l'argent gaspillé ». Et gaspiller de l'argent n'était pas respectable.

Sylvie (Madame B...) dans le film de René Allio.

A cela s'ajoutait le fait que ma grand-mère non seulement ne voyait pas régulièrement son fils, qui habitait la ville, mais encore ne visitait ni n'invitait aucune de ses connaissances. Elle n'allait jamais aux goûters de la petite ville. Par contre, elle se rendait souvent à l'atelier d'un savetier, dans une ruelle pauvre et même assez malfamée où flânaient, surtout l'après-midi, toutes sortes d'existences pas spécialement respectables, serveuses sans place et ouvriers sans emploi. Le savetier était un homme entre deux âges qui avait roulé sa pierre dans le monde entier, mais n'avait pas amassé beaucoup de mousse. On disait aussi qu'il buvait. De toute façon, ce n'était pas une fréquentation pour ma grand-mère.

Tout cela, l'imprimeur, comme il l'écrivit dans une de ses lettres, l'avait fait remarquer à sa mère, mais elle avait répondu très froidement. Sa réponse : « Il a vu des choses » avait mis fin à l'entretien. Il n'était pas facile de causer avec ma grand-mère sur des sujets dont elle ne voulait pas parler.

Environ six mois après la mort de mon grand-père, l'imprimeur écrivit à mon père que leur mère, maintenant, mangeait tous les deux jours à l'auberge.

Quelle nouvelle ! Grand-mère, qui sa vie durant avait fait la cuisine pour une douzaine de personnes et n'avait jamais mangé que les restes, mangeait maintenant à l'auberge ! Qu'est-ce qui lui avait pris ?

Peu après, un voyage d'affaires amena mon père dans les parages, et il alla voir sa mère.

Il la trouva sur le point de sortir. Elle enleva son chapeau et lui apporta un verre de vin rouge et des biscottes. Elle avait l'air très équilibrée, ni particulièrement expansive ni particulièrement silencieuse. Elle demanda de nos nouvelles, sans trop insister il est vrai, et voulut surtout savoir s'il y avait des cerises pour les enfants. Elle était bien toujours la même. Dans la chambre régnait une propreté méticuleuse, et la grand-mère paraissait en bonne santé.

Une seule chose laissa entrevoir sa nouvelle vie : elle ne voulut pas aller avec mon père au cimetière, voir la tombe de son mari. « Tu peux y aller seul, dit-elle incidemment, c'est la troisième à gauche, dans la onzième rangée. Je dois sortir. »

L'imprimeur expliqua par la suite qu'elle devait sans

doute aller chez son savetier. Il se plaignit beaucoup. « Moi, je suis là, dans ce taudis, avec les miens, et je ne travaille plus que cinq heures, et mal payées, et mon asthme par là-dessus qui recommence à me donner du souci, et pendant ce temps la maison de la Grand-Rue reste vide. »

Mon père avait pris une chambre à l'hôtel en espérant que sa mère l'inviterait à loger chez elle, au moins pour la forme, mais elle n'en parla pas. Elle qui, même au temps où la maison était pleine, trouvait toujours à redire quand il ne logeait pas chez eux et qu'il dépensait de l'argent à l'hôtel !

Mais elle semblait avoir mis le point final à sa vie de famille et s'être engagée dans une voie nouvelle, au moment où sa vie déclinait. Mon père, qui avait une bonne dose d'humour, la trouva « très fringante » et dit à mon oncle de laisser la vieille femme faire ce qu'elle voulait.

Mais que voulait-elle ?

La première chose rapportée ensuite fut qu'elle avait fait venir un break et qu'elle était partie en excursion, un jeudi ordinaire. Le break était une grande voiture tirée par des chevaux, haute sur roues, pouvant transporter des familles entières. Quelques rares fois, quand nous, ses petits-enfants, venions en visite, grand-père louait le break. Grand-mère restait toujours à la maison. Dédaigneusement, d'un geste de la main, elle refusait de venir.

Et après le break, ce fut le voyage à K., une assez grande ville, à deux heures de chemin de fer environ. Il y avait ce jour-là une course de chevaux, et ce fut à la course de chevaux que se rendit ma grand-mère.

L'imprimeur était profondément inquiet. Il voulait appeler un médecin en consultation. Mon père hocha la tête en lisant la lettre, mais refusa de faire appel au médecin.

Ma grand-mère n'était pas allée seule à K. Elle avait emmené une jeune fille, à moitié simple d'esprit, comme l'écrivait l'imprimeur, la fille de cuisine de l'auberge où la vieille dame mangeait tous les deux jours.

A partir de ce moment, cet « avorton » joua un rôle.

Ma grand-mère semblait s'en être entichée. Elle l'emmenait au cinéma et chez le savetier, qui d'ailleurs s'était révélé social-démocrate, et le bruit courait que les deux femmes jouaient aux cartes dans la cuisine en buvant un verre de rouge.

« La voilà qui vient d'acheter à l'avorton un chapeau avec des roses dessus », écrivait l'imprimeur désespéré. « Et notre Anna qui n'a pas de robe de communion ! »

Les lettres de mon oncle devenaient complètement hystériques, ne parlant plus que de « la conduite indigne de notre chère mère » et se taisant sur le reste. C'est par mon père que je connais la suite. L'aubergiste lui avait chuchoté en clignant de l'œil : « Madame B. s'amuse bien, maintenant, à ce qu'on dit. »

En réalité, ma grand-mère, même pendant les dernières années, ne mena pas du tout une vie fastueuse. Quand elle ne mangeait pas à l'auberge, elle ne prenait le plus souvent qu'un entremets aux œufs, un peu de café, et par-dessus tout ses chères biscottes. Par contre, elle s'offrait un vin rouge bon marché dont elle buvait un petit verre à chaque repas. Elle tenait sa maison très propre et pas seulement la chambre à coucher et la cuisine où elle vivait. Pourtant elle hypothéqua la maison à l'insu de ses enfants. On n'arriva jamais à savoir ce qu'elle fit de l'argent. Elle le donna, semble-t-il, au savetier. Quand elle fut morte, il alla s'établir dans une autre ville où il ouvrit, dit-on, un grand magasin de chaussures sur mesure.

A bien voir les choses, elle vécut successivement deux vies. L'une, la première, en tant que fille, femme et mère, et la seconde simplement en tant que madame B., personne seule, sans obligations, aux moyens modestes mais suffisants. La première vie dura environ soixante ans, la seconde pas plus de deux années.

Mon père apprit que, pendant les derniers mois, elle se permit certaines libertés que des gens normaux ne connaissent pas. Elle était capable de se lever en été à trois heures du matin et de se promener dans les rues désertes de la petite ville, qu'elle avait ainsi pour elle toute seule. Et le pasteur étant venu en visite, pour tenir compagnie à la vieille femme dans sa solitude, elle l'invita, comme on l'affirme généralement, au cinéma !

Elle ne vivait pas le moins du monde dans la solitude. Chez le savetier, selon toute apparence, on se retrouvait entre gens de joyeuse humeur et on se racontait beaucoup d'histoires. Elle y avait en permanence sa bouteille de vin rouge et buvait son petit verre pendant que les autres se déchaînaient contre les dignes autorités de la ville. Ce vin rouge lui était réservé, mais de temps en temps elle apportait à la compagnie des boissons plus fortes.

Elle mourut brusquement, un après-midi d'automne, dans sa chambre à coucher, non pas dans le lit, mais dans la chaise de bois, près de la fenêtre. Elle avait invité l'« avorton » au cinéma pour le soir et la jeune fille était donc près d'elle quand elle mourut. Elle avait soixante-quatorze ans.

J'ai vu une photographie d'elle qui la montre sur son lit de mort et qui avait été faite pour les enfants.

On voit un tout petit visage aux rides nombreuses, aux lèvres minces, mais à la bouche large. Beaucoup de choses petites, mais aucune petitesse. Elle avait savouré pleinement les longues années de servitude et les brèves années de liberté et consommé le pain de la vie jusqu'aux dernières miettes. »

« La vieille dame indigne » in *Histoires d'almanach* de Bertold Brecht, texte français de Ruth Ballangé et Maurice Regnaut,

HAROLD ET MAUDE

PERSONNAGES

Harold
Madame Chasen
Marie
Le docteur **Mathews**
Maude
Le prêtre
Le jardinier
Le jardinier-chef
Sylvie Gazelle
L'inspecteur **Bernard**
Le sergent **Doppel**
Nancy Marsch
Rose d'Orange

La maison d'Harold

Nous entendons le début de « La Symphonie pathétique » de Tchaïkovski. Puis le rideau se lève. Nous sommes chez Harold. Les Chasen appartiennent à la haute bourgeoisie américaine. Le salon bien meublé dénote une aisance certaine. Un jeune homme de dix-huit ans, Harold Chasen, très correctement habillé, est pendu au lustre. Il ne bouge pas. On le dirait mort. La musique continue. Des voix s'approchent et Mme Chasen, la mère de Harold, ouvre la porte du living-room. C'est une dame élégamment vêtue, très sûre d'elle. Elle parle à Marie, la nouvelle femme de chambre, avec des gestes précis.

Mme Chasen Suivez-moi, Marie, vous voyez ! Les alcools sont ici. Les verres, à côté. Ah, la glace. Vous l'apporterez de la cuisine, bien entendu. Si vous avez un problème quelconque, n'hésitez pas à me demander.

Les deux femmes ne voient pas Harold, qui est pendu derrière elles.

Finalement, nous mangerons les hors-d'œuvre ici. La cuisinière a préparé des pâtés de crevettes. Absolument délicieux quand c'est chaud. Cette musique m'agace. (Elle se dirige vers le tourne-disques pour l'arrêter.) Vous pourriez les apporter sur la table roulante, avec le chauffe-plats. Qu'en dites-vous, Marie ?

Marie se retourne pour répondre. Elle voit Harold pendu et hurle. Mme Chasen arrête la musique et jette un regard à la femme de chambre.

Pardon ?

Marie tend une main vers Harold et garde l'autre sur sa bouche. Mme Chasen regarde dans la direction que Marie lui indique et voit le corps de son fils pendu. Exaspérée, elle respire profondément.

Harold, vraiment... En présence de la nouvelle femme de chambre... (Elle se tourne vers Marie, qui est très pâle.) Je suis confuse. Harold n'a aucun savoir-vivre. (Elle voit la pendule.) Mon Dieu ! Il ne peut pas être aussi tard que ça. Le docteur sera là d'une minute à l'autre ! Bon, je vous ai dit pour le bar, les hors-d'œuvre. Pour le dîner, rien de spécial. Est-ce que j'ai oublié quelque chose ?

Marie regarde le corps pendu. Elle ne comprend pas l'attitude indifférente de Mme Chasen. Elle essaye de parler.

Marie Eh... Eh...

Mme Chasen Oui ? Quoi donc ? (Elle regarde Harold et secoue la tête.) Ah, oui. Ça c'est tout à fait lui. J'ai mille et un problèmes à résoudre et il ne s'est même pas changé pour le dîner ! (Elle va se placer sous le lustre.) Harold ! (Pas de réponse.) Harold, c'est ta mère qui te parle !

Harold bouge la tête et ouvre les yeux. Il regarde sa mère, au-dessous de lui.

Je te prie de descendre immédiatement.

Harold réfléchit un instant, puis il se décide à tirer sur un fil accroché à la corde. Dans un grand bruit de poulies qui grincent, il descend lentement vers le sol. Sa mère suit la descente.

Combien de fois t'ai-je dit de ne pas mettre de chaussettes vertes avec des mocassins noirs ? Quelquefois, j'ai l'impression de parler dans le désert. Est-ce que tu te rends compte de l'heure qu'il est ?

Harold ôte le nœud coulant de sa nuque. La sonnette de la porte retentit.

Voici le docteur Mathews et tu n'as même pas de cravate.

Marie, stupéfaite, n'a pas bougé depuis qu'elle a vu Harold. Mme Chasen se rappelle à son attention.

Eh bien, Marie, qu'y a-t-il ? Vous êtes toute blanche.

Marie ...

De nouveau la sonnette.

Mme Chasen C'est la sonnette.

Marie ...

Mme Chasen Eh bien ! dépêchez-vous. Allez ouvrir !

Marie Excusez-moi, madame.

Marie sort.

Mme Chasen Maintenant, Harold, écoute-moi bien. C'est moi qui ai demandé au docteur Mathews de venir dîner. C'est un homme éminent, débordé de travail. Il nous fait une grande faveur en acceptant. Profites-en. Essaye de lui parler. Il peut te rendre de grands services. Avec moi, il a fait des prodiges.

Marie introduit le docteur Mathews, un homme de haute taille, aux cheveux argentés, avec quelque chose d'onctueux dans son allure. Mme Chasen accueille le docteur.

Je suis ravie de vous voir, docteur. Comment allez-vous ?

Le docteur Très bien, je vous remercie. Et vous, chère amie ?

Mme Chasen Toujours à merveille. Docteur, voici mon fils Harold. Harold, le docteur Mathews.

Le docteur Bonsoir. J'ai beaucoup entendu parler de vous.

Harold murmure un timide « bonsoir » et serre la main du docteur. Un court silence, pendant que le docteur regarde le nœud coulant et le harnais que porte Harold. Mme Chasen brise le silence.

Mme Chasen Eh bien, Harold, tu devrais remonter dans ta chambre avec... tes petites affaires et t'habiller pour le dîner. Nous t'attendrons ici. Dépêche-toi.

Harold ramasse une feuille pliée sur la table et sort. Mme Chasen et le docteur prennent place sur le canapé.

Je vous en prie docteur, asseyez-vous. Je suis si heureuse que vous ayez pu venir. Vous voulez boire quelque chose ? Un whisky ?

Le docteur Parfait.

Mme Chasen Le whisky, je vous prie, Marie, et un verre de vin blanc pour moi.

Marie sort.

Je me demande parfois si je suis assez forte pour élever mon fils toute seule. Vous savez les difficultés que j'ai eues depuis la mort de Charles : propulsée à la tête de ses affaires, l'usine, la maison... plus mes obligations mondaines... plus mes œuvres... Cela n'a pas été gai tous les jours.

Le docteur Certes.

Mme Chasen Encore que du vivant de Charles, cela n'ait pas été non plus de tout repos. Il pouvait être pire que son fils ! Le jour même de notre mariage, je l'attendais depuis une demi-heure sur mon prie-Dieu, l'église était bondée, et savez-vous où il était ? Chez lui, dans sa baignoire, fasciné par le mécanisme d'un petit canard qui faisait coin-coin ! Oh non, docteur, ce ne fut pas toujours gai.

Marie entre, dépose les verres et ressort.

Merci, Marie. Bref, le passé est le passé. Ce qui m'inquiète à présent, c'est Harold. J'espère beaucoup que vous pourrez l'aider. Moi, j'ai de moins en moins de contact avec lui. Il n'a jamais été très bavard, notez bien. Intelligent, oui. Et très inventif. Vous devriez jeter un coup d'œil à sa chambre. Mais bavard, non. D'ailleurs, vous avez dû le remarquer.

Le docteur Il avait l'air assez...

Mme Chasen J'ai fait tout ce que j'ai pu pour lui enseigner les bonnes manières. A onze ans, je l'ai envoyé dans un cours de danse. Résultat : zéro : dans les soirées, il erre de salon en salon et il finit par s'asseoir dans un coin. C'est agréable, vous ne trouvez pas ? Surtout quand c'est lui le maître de maison.

Marie entre avec la table roulante et l'approche du canapé.

Le docteur Peut-être pourrais-je le prendre à part après le dîner, et lui donner rendez-vous à mon bureau ?

Mme Chasen Ce serait un immense soulagement. Vous savez, docteur — c'est difficile à dire pour une mère — mais parfois je le regarde et je me dis qu'il a perdu la tête.

Marie soulève le couvercle du chauffe-plats mais à la place des pâtés de crevettes il y a là, entourée de sang et de persil, pareille à celle de saint Jean-Baptiste, la tête de Harold.

Marie laisse tomber le couvercle et hurle. Le docteur et Mme Chasen regardent le plat. A ce moment, un Harold sans tête entre dans la pièce. Le docteur et Mme Chasen paraissent plus embarrassés qu'horrifiés. Marie, elle, les yeux révulsés, le souffle coupé, tombe inanimée sur le sol.

SCÈNE II

Le bureau du psychiatre. La lumière s'allume immédiatement dans le bureau du docteur. Harold est allongé sur un sofa. Le docteur est assis derrière lui.

Le docteur Combien de ces... suicides avez-vous mis à exécution ?

Harold (après une longue réflexion) Exactement, je ne pourrais pas dire.

Le docteur Et pourquoi ?

Harold Est-ce que je dois compter le premier, qui n'était pas vraiment préparé ? Et le jour où le four a explosé avant que ma mère ne revienne de son cocktail ? Et ceux qui sont restés à l'état de projets, ceux que j'ai abandonnés, les simples mutilations, les...

Le docteur (le coupant) Approximativement.

Harold Je dirais une quinzaine.

Le docteur Une quinzaine.

Harold Approximativement.

Le docteur Et tous furent exécutés au bénéfice de votre mère ?

Harold (après un temps) Je ne dirais pas « bénéfice ».

Le docteur Certes. Mais ils étaient destinés à provoquer une certaine réaction chez votre mère, n'est-ce pas ? Elle m'a dit, par exemple, que le jour où vous vous êtes fait sauter la tête avec un fusil, elle a eu une crise de nerfs.

Harold Oui, celui-là avait bien marché. Ce n'est pas toujours commode. Parfois, le sang gicle avant que le ressort ait fonctionné.

Le docteur Mais la réaction de votre mère vous a paru satisfaisante ?

Harold Assez, oui. Mais le fusil, c'était au début. C'était beaucoup plus facile à ce moment-là.

Le docteur Vous voulez dire que votre mère s'est habituée ?

Harold Oui. Il devient de plus en plus difficile d'obtenir une réaction.

Le docteur Dans le cas de la pendaison, par exemple ?

Harold Franchement, ça n'a pas été un succès. (Désenchanté.) J'ai travaillé trois jours sur ce mécanisme. Je crois qu'elle n'a même pas vu mon petit mot.

Le docteur Que disait-il ?

Harold Celui-ci disait : « Adieu monde cruel. » Je les fais de plus en plus courts.

Le docteur Parlons un peu de votre mère... Que pensez-vous d'elle ?

Les lumières s'allument immédiatement sur Mme Chasen. Elle est en train de se faire masser, tandis qu'elle parle au téléphone.

Mme Chasen (au téléphone) Non, non, Betty ! Lydia Ferguson, je vous l'ai envoyée pour un rinçage bleu... c'est ça. J'ai donc invité sa fille, Alice, à venir à la maison pour rencontrer Harold... oui, petite, grassouillette, tout le portrait de sa mère, quoi ? Bon. Nous descendons vers le tennis, et qu'est-ce que nous voyons ? Au beau milieu de la piscine, le cadavre d'Harold, couvert de sang, flottant sur le ventre, avec un poignard planté entre les deux épaules... Si... une horreur ! Évidemment, la pauvre s'est sauvée en hurlant... Les Ferguson ? Ils ne m'adresseront plus jamais la parole...

Je ne sais vraiment pas quoi faire avec cet enfant, Betty... Le docteur Mathews ? Aucun résultat... Non, ce qu'il lui faudrait, c'est un centre d'intérêt, des responsabilités, le mariage, au fond, mais comment faire ?... Qu'est-ce que vous dites, Betty ? Une agence matrimoniale par ordinateur ? L'Agence Matrimo-Flash ? Mais c'est une idée extraordinaire !... Avec une garantie de trois rendez-vous ? Sur les trois, il y en aura bien un qui fera l'affaire, je les appelle immédiatement... Quoi ? Mario ? Ah ! non, tant pis, annulez mon rendez-vous. Mon fils a besoin de sa mère, Betty, ma mise en plis attendra.

Les lumières s'éteignent sur elle et se rallument dans le bureau du psychiatre. Harold et le psychiatre n'ont pas bougé.

Le docteur J'aimerais remonter un peu dans votre passé. Vous vous souvenez de votre père ?

Harold Non. Pas vraiment. (Un temps.) J'ai des photos de lui.

Le docteur Oui ?

Harold Il est toujours souriant sur les photos.

Le docteur Je suppose que vous auriez aimé le connaître.

Harold J'aurais aimé lui parler.

Le docteur Lui parler de quoi ?

Harold De choses et d'autres. Ma mère dit qu'il était très bricoleur. Je lui aurais montré tout le matériel dans ma chambre.

Le docteur Quel matériel ?

Harold Mes poignards, mon squelette, ma chaise électrique. Je crois qu'il aurait aimé ça.

Le docteur C'est bien possible. Dites-moi, Harold, que pensez-vous des jeunes filles ?

Harold Je les aime bien.

Le docteur Vous avez des petites amies ?

Harold Non, pas vraiment.

Le docteur Et pourquoi ?

Harold Je ne suis pas sûr de leur plaire.

Le docteur Pourquoi cela ?

Harold Au cours de danse, je leur marchais toujours sur les pieds.

Le docteur prend quelques notes et change de sujet.

Le docteur Parlons un peu de vos années d'internat. Vous étiez heureux ?

Harold Oui.

Le docteur Vous aimiez vos études ?

Harold Oui.

Le docteur Vos professeurs ?

Harold Oui.

Le docteur Vos camarades ?

Harold Oui.

Le docteur Alors, pourquoi êtes-vous parti ?

Harold J'ai fait sauter la salle de chimie. Et après cela, ils m'ont conseillé de passer mes examens par correspondance.

Le docteur Bon. Mais à part cela, que faites-vous pour vous distraire ?

Harold Vous voulez dire, quand je ne suis pas dans ma chambre en train de préparer...

Le docteur Oui ! Pour vous détendre.

Harold Je vais aux enterrements.

Dans une église.

A l'orgue, une douce musique des morts. Harold traverse la nef, où se trouve le cercueil, et le regarde. Puis il s'assied sur un des bancs. Il attend. Ses yeux se posent sur un panier, près de lui sur le banc, et il en cherche le propriétaire. Soudain il entend quelque chose qui bouge sous un siège, derrière lui. Il se retourne. Maude, une charmante vieille dame, jaillit et lui sourit.

Maude Excusez-moi. Est-ce que vous voyez des pistaches ?

Harold Pardon ?

Maude Des pistaches.

Maude se lève et regarde autour de ses pieds.

Non. Je dois les avoir toutes ramassées. (Lui offrant le sac.) Vous en voulez ?

Harold Non, merci.

Maude C'est très nourrissant.

Harold Merci. Sans façon.

Maude Un peu plus tard, peut-être ?... Ah ! J'en vois une autre.

Maude la ramasse et s'approche du banc d'Harold.

J'espère que c'est bien tout. Je tire le sac du panier et plouf ! Toutes par terre. Je deviens un peu malhabile.

Maude s'assied près d'Harold et du panier. Il paraît un peu nerveux, mais elle lui sourit très chaleureusement en croquant ses pistaches.

Vous le connaissiez ?

Harold Qui ?

Maude (montrant le cercueil) Le défunt.

Harold Non.

Maude Moi non plus. J'ai entendu dire qu'il avait quatre-vingts ans. Bel âge pour s'en aller, qu'en pensez-vous ?

Harold Je ne sais pas.

Maude A soixante-quinze, c'est trop tôt. A quatre-vingt-cinq, on n'avance plus. Autant se trouver déjà sur l'autre rive. Voulez-vous une orange ?

Harold Non, merci.

Maude Vous ne mangez pas beaucoup. Je me trompe ?

Harold C'est... pour ne pas gâter mon déjeuner. En fait, je...

Harold regarde sa montre.

Maude Vous allez souvent aux enterrements ?

Harold Oh...

Maude Moi aussi. Je m'y amuse. Tout s'ouvre et tout se ferme. La naissance, la mort... La fin est au début, le début à la fin. Un grand cercle qui tourne... Vous vous appelez comment ?

Harold Harold Chasen.

Maude Je suis la comtesse Mathilde Chardin, mais vous pouvez m'appeler Maude.

Harold Enchanté. Maintenant, il faut que je m'en aille.

Harold regarde de nouveau sa montre.

Maude Regardez un peu autour de vous : n'est-ce pas une chose incroyable ? Tout est noir, les statues sont lugubres et... (montrant du doigt) ces crucifix macabres... Pourquoi s'arrêter à la mort ? On dirait que personne n'a lu l'histoire jusqu'au bout.

Un petit prêtre timide, qui se dirige vers l'autel, voit Maude en train de manger et se précipite vers elle. Il s'appelle Finnegan.

Le prêtre Mais, madame, que faites-vous ?

Maude Bonjour, mon Révérend. Nous attendons la cérémonie. C'est vous qui présidez ?

Le prêtre Oui, madame, j'officie. Mais vous ne pouvez pas manger ici... Ce n'est pas permis.

Maude Bêtises. Ne sommes-nous pas dans la maison de Dieu ?

Le prêtre Si.

Maude Désire-t-il autre chose que notre bonheur ?

Le prêtre Non.

Maude Dans ce cas, où est le problème ?

Le prêtre Mais, madame, c'est un enterrement.

Maude Nous en parlions justement, Harold et moi. A votre avis, d'où vient cette manie du noir ? Personne n'envoie de fleurs noires, n'est-ce pas ? Les fleurs noires sont des fleurs mortes. Qui enverrait des fleurs mortes à un enterrement ? (Elle rit.) Purement absurde.

Harold Il faut que je m'en aille.

Maude Vous allez déjeuner ?

Harold Oui.

Maude Eh bien, bon appétit, Harold. J'espère vous revoir bientôt.

Harold hoche la tête et s'éloigne. Les lumières commencent à baisser.

Le prêtre J'aimerais vous dire un petit mot, madame, au sujet de...

Maude Tant mieux. Je serais contente de bavarder avec vous. Il y a plusieurs choses dont j'aimerais vous parler. Par exemple, ces statues. Regardez, elles sont sinistres... pas un sourire. C'est idiot. Je veux dire : les saints devraient être heureux, vous ne trouvez pas ? Un saint malheureux, c'est inimaginable.

Le prêtre Je vois ce que vous voulez dire, madame...

Maude Maude.

Le prêtre Mais pour ces pistaches...

Maude Oh ! Je suis désolée. Je crois que je n'en ai plus. Vous voulez une orange ?

Le prêtre Non, merci. J'ai un office dans cinq minutes et...

Maude Oh ! Alors nous avons tout le temps. Venez avec moi. Il y a longtemps que je voulais vous demander : pourquoi mettez-vous un cadenas au tronc des pauvres ?

Le prêtre Nous avons toujours mis un cadenas au tronc des pauvres.

Maude (lui tendant un cadenas, pris dans son panier) Plus maintenant !

Maude s'éloigne, laissant le prêtre interdit devant le cadenas qu'il tient dans sa main.

Noir.

SCÈNE IV

La maison d'Harold.
Mme Chasen entre dans le living-room en portant une liasse de papiers. Elle aperçoit Harold près de la porte et lui fait signe d'approcher.

Mme Chasen Harold, j'ai ici le formulaire que m'a envoyé le Centre Régional de l'Agence Matrimo-Flash. Voici peut-être le moyen rêvé pour te trouver une épouse.

Harold Une épouse ?

Mme Chasen Oui, mon chéri. Il est grand temps que tu te maries.

Harold Mais...

Mme Chasen Harold, je t'en supplie. Nous avons un énorme travail devant nous, et je dois être chez le coiffeur à trois heures.

Mme Chasen s'assied à sa table.

Harold Je n'ai aucune envie de me marier.

Mme Chasen (indulgente) Tout le monde un jour ou l'autre a pensé comme toi. Mais il faut regarder les choses en face. Cela s'appelle devenir grand.

Mme Chasen feuillette le dossier.

Pour le premier versement, le C.R.M.F. t'offre trois rendez-vous. Les laides, les grosses sont éliminées. Tu vois, ce sont des gens sérieux. Je suis sûre qu'ils vont trouver une jeune fille qui te convienne. Assieds-toi, mon chéri.

Harold renonce à protester et s'assied. Mme Chasen saisit la première fiche du questionnaire.

Voici le test de personnalité que tu dois remplir et renvoyer. Cinquante questions. Cinq réponses possibles : Oui absolument. Oui. Peut-être. Non. Non absolument. Tu es prêt, Harold ?

Harold regarde sa mère avec des yeux tristes. Mme Chasen prend ce regard pour une réponse affirmative.

Première question : vous lavez-vous très fréquemment les mains ? Très fréquemment ? Non. On pourrait même répondre : non absolument. Tu ne trouves pas, Harold ?

Mme Chasen marque les réponses sur le papier pendant toute la scène.

Deuxième question : l'éducation sexuelle devrait-elle être donnée en dehors de la maison ? Non, bien sûr, tu es d'accord ? Trois : aimez-vous particulièrement la solitude ? La recherchez-vous ? Ça, c'est très facile. Oui absolument.

Harold sort de sa veste un bâton de dynamite.

Invitez-vous souvent des amis chez vous ? Non, tu n'en invites jamais. Avez-vous souvent l'impression que la vie ne vaut pas la peine d'être vécue ?

Harold sort deux autres bâtons de dynamite, tandis que Mme Chasen réfléchit, puis lève les yeux.

Voyons. Que dirais-tu, Harold ? Oui ou non ?

Harold dissimule rapidement les bâtons de dynamite entre ses jambes, puis il va dire quelque chose, mais elle le coupe.

Répondons : peut-être. Septième question : préférez-vous le lever ou le coucher du soleil ? La question est mal posée.

Harold sort des allumettes et un rouleau de scotch.

Le sexe est-il un sujet trop exploité par nos mass media ? Sans aucun doute, oui, absolument.

Puis Harold tire un long morceau de scotch qu'il

enroule autour des trois bâtons de dynamite.

Avez-vous parfois mal à la tête ou mal au dos après une journée difficile ? Oui, ça m'arrive. Vous endormez-vous facilement ? Oui, plutôt. Êtes-vous pour la peine de mort ? Pour, absolument pour.

Harold allume les mèches.

A votre avis, la vie mondaine est-elle en général une perte de temps ? Grands Dieux, non ! Pourquoi ?

Harold se lève, se tourne vers sa mère, hésitant, puis se dirige vers une armoire.

Avez-vous déjà traversé la rue pour éviter de rencontrer quelqu'un ? Je suis sûre que tu l'as fait, non ? Sûre et certaine. Avez-vous eu une enfance heureuse ? Oh ! oui, tu étais un adorable bébé. Quatorzième question : votre attitude métaphysique admet-elle une vie après la mort ?

Harold entre dans l'armoire.

Je pense bien. Oui, absolument. Pensez-vous que la révolution sexuelle...

A ce moment, l'armoire explose, envoyant des nuages de fumée dans la pièce. La porte est arrachée de ses gonds.

Harold, la question : pensez-vous que la révolution sexuelle est allée trop loin ?...

Noir.

SCÈNE V

Un grand cimetière.

Un cimetière ensoleillé. On entend sonner les cloches et chanter les oiseaux. Sur un côté, trois ou quatre personnes, vêtues de sombre, assistent à un enterrement que nous ne voyons pas. Harold se tient un peu à l'écart, tournant le dos au public. Il écoute, comme les autres, un prêtre qui lit les prières des morts et à sa voix hésitante nous reconnaissons le père Finnegan. Quelques instants plus tard, Maude entre, portant une pelle.

Elle cherche autour d'elle un instant, trouve la place exacte, plante la pelle en terre et sort. Les prières s'achèvent et les assistants se déplacent. Harold s'apprête à les suivre quand Maude rentre, poussant une brouette qui charrie un petit arbre. Elle s'arrête et cherche quelqu'un qui puisse l'aider.

Maude Excusez-moi, mais... Harold ! Quelle joie de vous revoir ! Comment ça va ?

Harold (qui ne veut vraiment pas parler) Très bien, j'allais justement me...

Harold montre la sortie.

Maude C'est l'enterrement de qui ?

Harold Je ne sais pas.

Maude Je l'ai manqué. C'est dommage. (Regardant.) N'est-ce pas le très charmant père Finnegan à qui nous parlions hier ?

Harold C'est lui, oui.

Maude Il faut que j'aille lui dire bonjour. Mais d'abord, Harold, j'ai besoin de vous. Pourriez-vous venir un instant par ici ?

Harold et Maude se rapprochent de la brouette.

Harold Que faites-vous ?

Maude Je voudrais planter cet arbre.

Harold Ici ?

Maude Je l'ai vu ce matin en passant près du commissariat, coincé dans un pot de ciment, asphyxié par les gaz. Tout seul. J'ai décidé de le secourir et de lui trouver un endroit vivable.

Harold Vous l'avez pris comme ça ?

Maude Oui.

Harold Mais c'est un lieu public !

Maude Justement. Regardez ces pauvres feuilles. Elles jaunissent déjà. Les gens peuvent vivre au milieu des gaz, mais les arbres, ça leur donne de l'asthme. Attrapez-le, je tiens la brouette.

Harold Quelqu'un vous a vue ?

Maude Aucune idée. D'ailleurs, je ne l'ai pas fait pour qu'on me voie. Ni pour qu'on me félicite. Je l'ai fait parce que cela devait être fait, c'est tout. Allez-y. Tenez-le bien droit. Il ne faut pas troubler la circulation de la sève.

Harold soulève l'arbre et le tient dans ses bras. Maude repousse la brouette. Un jardinier entre.

Le jardinier C'est ma brouette que vous avez là.

Maude Ah bon ? Eh bien, je vous remercie. Je crois que nous n'en avons plus besoin. Venez, Harold.

Le jardinier Une minute. Qu'est-ce que vous êtes en train de faire ?

Maude Je vais d'abord creuser un trou, puis...

Le jardinier Vous n'avez pas le droit de creuser des trous. C'est un cimetière, ici.

Maude Rassurez-vous, je ne veux enterrer personne ! Je vais juste planter cet arbre. Expliquez-lui, Harold.

Le jardinier Une minute. Vous avez une autorisation pour ça ? Vous êtes passée au bureau ?

Maude Quand aurais-je pu passer au bureau ? J'ai pris ma décision ce matin.

Le jardinier Madame, vous n'avez pas le droit d'entrer ici et de vous mettre à creuser des trous.

Maude Je ne creuse pas des trous. Je plante un arbre. Il fera très bien ici, dès qu'il ira mieux. Il vous plaira beaucoup. Vous verrez.

Le jardinier Faut pas me dire ça à moi.

Maude A qui alors ? Au père Finnegan, peut-être ? Je suis sûre qu'il comprendra.

Maude appelle.	Père Finnegan ! Ho ! Ho !
Maude met ses doigts dans sa bouche et pousse un sifflement perçant. Elle sourit, puis agite la main. Apparemment, père Finnegan la voit mais se détourne.	Je crois qu'il ne m'a pas reconnue. (Criant plus fort.) Père Finnegan ! (Elle siffle de nouveau.) Ça y est. Il arrive.
	Le prêtre (qui entre, assez fâché) Madame, il ne faut pas siffler comme ça. Je suis en plein service.
	Maude Mon père, c'est une question de vie ou de mort.
	Le prêtre Pour qui ?
	Maude Pour ce petit arbre.
	Le prêtre (au jardinier) Mais enfin, qu'est-ce qui se passe ?
	Le jardinier Ils veulent creuser des trous et le chef ne permet pas qu'on creuse des trous ici.
	Maude Il ne permet pas ? Mais pour qui se prend-il ? Pour Dieu le Père ?
	Le jardinier (au prêtre) Vous feriez mieux de dire à ces deux-là de tout emporter, sinon il va falloir que je les signale.
	Maude Comment pouvez-vous lui demander ça ? Le père Finnegan est un serviteur de Dieu. Il a consacré sa vie à la charité, à soulager les faibles et les opprimés ! Et vous pensez qu'il va tourner le dos à ce petit arbre ? Répondez-lui, mon père.
	Le prêtre (embarrassé) Eh bien, si...
	Maude C'est impossible ! Tout à fait impossible ! Harold, apportez l'arbre.
	Le jardinier Très bien, madame. Je vous aurai prévenue. Je vais chercher mon chef. La prochaine fois, laissez ma brouette là où elle est.
Le jardinier sort, très mécontent, en emportant la brouette. Harold tient toujours l'arbre et voudrait bien s'en aller.	**Maude** La prochaine fois ? La prochaine fois, je ne viendrai

certainement pas ici ! Ce ne sont pas les endroits qui manquent !

Le prêtre Peut-être, en effet, pourriez-vous l'emmener ailleurs. Le fait est, vous n'avez pas l'autorisation de creuser ici, et si le jardinier-chef dit que vous devez partir, personnellement je ne peux rien faire.

Maude Alors vous êtes contre nous, vous aussi ?

Harold (prenant la parole) En fait, je ne pense pas que...

Maude (le coupant) Mais je ne l'accuse pas ! Loin de là ! (Au prêtre.) Je suis sûre que vous avez vos raisons. Je ne vous en veux pas.

Le jardinier entre avec son chef, un homme de haute taille qui ne s'en laisse pas conter.

Le jardinier-chef Alors, il paraît qu'il y a quelqu'un qui veut creuser un trou et planter un arbre ?

Le jardinier C'est elle. Et le garçon.

Maude Messieurs, épargnez votre salive. Votre attitude m'a fait changer d'avis. Ce n'est pas une atmosphère agréable pour un convalescent. Nous irons le planter ailleurs. Dans une forêt.

Harold Où ?

Maude Venez. Nous avons assez discuté. Laissons-les seuls avec leur conscience.

Maude ramasse la pelle et sort. Harold, qui tient toujours l'arbre, ne peut que la suivre. Le jardinier les regarde partir.

Le jardinier-chef Vous aviez raison, Gibbon, ils sont complètement givrés. (Au prêtre.) C'est une de vos amies ?

Le prêtre Une simple connaissance. Nous nous sommes rencontrés hier pour la première fois. Elle s'exprime d'une façon... très originale.

Le jardinier-chef Dites-lui plutôt de se tenir au large, si toutes ses idées sont du même tonneau. Ce n'est pas pour rien que les lois existent.

Le prêtre fait demi-tour quand le jardinier, qui regarde au loin, s'écrie en s'adressant à lui.

Le prêtre Je vous comprends. Bon, je dois retourner à...

Le jardinier Dites donc, mon père, c'est pas dans votre voiture qu'ils s'en vont ?

Le prêtre regarde. Surpris, il ouvre la bouche. Nous entendons le bruit d'une voiture qui démarre et s'éloigne sur les chapeaux de roues.

Le prêtre En effet. C'est dans ma voiture !

SCÈNE VI

La maison de Maude.

Maude arrive devant sa maison, suivie par Harold qui porte l'arbre.

Maude Le Grand Walter, vous savez, Walter-la-serrure, était un être d'exception. Très, très doué. Il profita de son séjour en prison pour étudier le bouddhisme et, à sa sortie, il partit pour le Tibet... Déposez l'arbre ici, s'il vous plaît... En partant, il m'a offert son jeu de clés. J'ai dû en ajouter quelques-unes, pour les nouveaux modèles, mais pas autant qu'on pourrait croire. Quand vous possédez un bon jeu de base, il suffit de quelques variantes.

Harold Vous pouvez monter dans n'importe quelle voiture et démarrer ?

Maude Pas n'importe quelle voiture. Je choisis. J'ai horreur des housses en plastique. Voilà, ici c'est parfait.

Harold pose l'arbre.

Nous irons le planter dans la forêt. Demain matin, de bonne heure.

Harold Vous savez, je ne crois pas pouvoir...

Maude (riant) Rassurez-vous, nous n'irons pas à pied. Il nous faudra trouver un camion.

Harold Vous allez prendre un camion ?

Maude Bien sûr.

Harold (avec un geste vers l'extérieur) Mais... Vous avez déjà la voiture du prêtre, maintenant vous voulez un camion... Que vont dire les propriétaires ?

Maude Quels propriétaires ? N'est-ce pas un peu absurde la notion de propriété ?

Harold Vous créez des ennuis aux gens, je ne suis pas sûr que vous ayez raison.

Maude Mon petit Harold, si certaines personnes ont des ennuis parce qu'elles pensent avoir des droits sur quelque chose, je ne fais que leur rafraîchir gentiment la mémoire. Vous êtes ici aujourd'hui, vous n'y serez plus demain. Ne vous attachez à rien. Forte de cette pensée, je me permets de collectionner un tas de choses. Entrez. Vous allez voir.

Maude ouvre la porte et ils entrent dans son living-room, qui est rempli d'objets très disparates : un tapis persan, un bouddha en ivoire, des paravents japonais, des tableaux immenses, une grande sculpture en bois. Un phoque vivant est assis sur le piano. Harold est très étonné.

Ce sont des riens, des memorabilia. Absolument indispensables, mais parfaitement inutiles. Vous voyez ce que je veux dire.

Harold Très impressionnant.

Maude (montrant du doigt) Regardez.

Harold suit son geste et voit le phoque, assis près de la fenêtre. Maude se dirige dans cette direction, ignore le phoque et passe sa tête par la fenêtre.

Les oiseaux ! Ils attendent leur repas !

Maude prend quelques graines et les lance à l'aide d'une fronde.

La seule vie sauvage qu'on puisse encore voir. Libre comme un oiseau.

Maude se retourne vers Harold.

Autrefois, j'entrais dans les boutiques et je libérais les canaris. Mais j'y ai renoncé. C'était trop d'avant-garde.

Maude caresse distraitement la tête du phoque.	Les zoos sont pleins, les prisons débordent. Ah ! comme le monde aime les cages.
Le phoque aboie.	**Harold** Mais c'est un phoque !
	Maude Oui. C'est Monsieur Murgatroyd. Nous passons quelques jours ensemble. Dites bonjour à Harold, mon cher.
Le phoque donne de la voix.	Pardon ? Vous désirez un bain ? Mais vous vous êtes baigné ce matin ! Ah, un autre bain. Très bien. Excusez-moi, Harold, ce ne sera pas long. Suis-moi, Mugsie.
Maude emmène le phoque dans une autre pièce. Harold les suit du regard et examine le fatras, autour de lui, qui le fascine. Off.	Que pensez-vous de ma nouvelle sculpture ?
	Harold Elle est bien.
	Maude (off) Non. Ne répondez pas tout de suite. Prenez le temps de toucher le bois. Explorez-le longuement. Il vous répondra.
	Harold Ah oui ?
On entend Maude qui chantonne. Harold laisse glisser sa main sur le bois arrondi et poli. Il commence à l'apprécier quand Maude rentre.	**Maude** Oui, c'est ça. Qu'en dites-vous ?
	Harold C'est curieux.
	Maude Je l'ai finie le mois dernier. C'était ma période tactile.
	Harold Les tableaux sont aussi de vous ?
	Maude Voyons un peu. Celui-ci est de moi. Il s'appelle « Arc-en-Ciel avec un œuf au-dessous et un éléphant ». Mais c'est un de mes amis qui a peint le nu. J'ai posé pour lui. Il m'a fait cadeau du tableau. Qu'en pensez-vous ?
	Harold C'est vous qui avez posé ?
	Maude Pourquoi ? Vous ne l'aimez pas ?

Harold Si, si.

Maude Mais vous n'approuvez pas ?

Harold C'est-à-dire...

Maude Vous pensez que c'est mal ?

Harold (après réflexion) Non.

Maude Je suis contente de votre réponse. Je suis sûre que nous allons devenir d'excellents amis. Venez, je vais vous montrer mes odorifiques.

Maude conduit Harold jusqu'à une espèce de machine qui ressemble à une boîte, peinte de vives couleurs, couverte de lumières et de boutons, avec une étrange petite pompe sur le côté.

Harold Qu'est-ce que c'est ?

Maude Un petit truc dont j'ai entendu parler. Disons, une réaction à l'indifférence avec laquelle l'art traite le nez. Réfléchissez un peu : il y a la peinture pour les yeux, la musique pour les oreilles, la gastronomie pour la langue et rien pour le nez. Alors, j'ai voulu réagir. M'offrir une petite orgie d'odeurs. (Elle regarde à travers quelques cylindres de métal.) J'ai commencé par le plus facile, roastbeef, vieux livres, herbe coupée. Petit à petit, j'en suis venue à une « soirée chez Maxim's », « une cour de ferme au Mexique »... En voici un que vous aimerez. (Elle le prend.) « Noël à New York ».

Maude place le cylindre dans la machine, pompe un peu et tend un tuyau qui se termine par un masque. Harold le prend et le pose sur son nez.

Prenez-le comme cela. Et respirez très fort.

Harold hoche la tête. Maude appuie sur un bouton..

Dites-moi ce que vous sentez.

Harold respire profondément et sourit, surpris.

Harold Le métro.

Maude Et encore ?

Harold (respirant encore) Un parfum... des cigarettes... des châtaignes rôties... la neige !

Maude rit et arrête la machine.

Maude On peut faire des combinaisons incroyables. C'est tout à fait divertissant.

Harold Je pourrais en faire ?

Maude Bien sûr. Rien de plus facile.

Harold Je me débrouille assez bien avec les machines... Si on me donne les éléments de base, je...

Maude Vous vous y ferez très vite. Bon. Je mets l'eau à chauffer. Nous allons boire un bon petit thé.

Harold Merci. Mais je ne peux vraiment pas rester. J'ai un rendez-vous.

Maude Chez le dentiste ?

Harold En quelque sorte. C'est ma mère qui l'a pris pour moi.

Maude Eh bien, vous reviendrez.

Harold D'accord.

Maude Ma porte est toujours ouverte.

Harold D'accord.

Maude C'est promis ?

Harold (souriant) C'est promis.

Harold sort, se retourne.

Bye bye !

SCÈNE VII

La maison d'Harold.

Mme Chasen attend dans le living-room en arrangeant un vase de jonquilles. Marie introduit la première « fiancée » d'Harold, envoyée par l'ordinateur. Elle s'appelle Sylvie Gazelle. C'est une étudiante blonde, assez jolie, au nez un peu épaté. Mme Chasen la reçoit et Marie sort.

Mme Chasen Bonjour ! Vous êtes Sylvie Gazelle ?

Sylvie Oui. Bonjour, madame.

Mme Chasen Je suis madame Chasen. La mère d'Harold.

Sylvie Enchantée.

Mme Chasen Je suis ravie que vous ayez pu venir pour rencontrer mon fils. Justement, je le cherchais. Ce matin, il était dans le jardin.

Mme Chasen et Sylvie vont vers la porte-fenêtre et regardent dans le jardin.

Sylvie Vos jonquilles sont ravissantes.

Mme Chasen Vous trouvez aussi ? Elles sont toutes fraîches. Je les ai cueillies ce matin. Ah ! Je le vois ! Harold !

Harold (off) Oui ?

Mme Chasen Rentre tout de suite ! La première jeune fille de l'ordinateur est arrivée !

Harold (off) Ah ! Bonjour !

Sylvie Bonjour !

Sylvie salue Harold d'un geste de la main.

Mme Chasen Nous t'attendons dans le salon.

Mme Chasen et Sylvie reviennent vers les chaises.

Sylvie Il a l'air charmant.

Mme Chasen Il est charmant. Asseyez-vous, je vous en prie.

Sylvie Merci.

Mme Chasen s'assied, le dos tourné à la porte-fenêtre. Sylvie s'assied en face d'elle.

Mme Chasen Si j'ai bien compris, vous êtes à l'Université ?

Sylvie Oui, madame.

Mme Chasen Sur quoi portent vos études ?

Sylvie Sciences-Po. Cela vous apprend tout ce qui se passe dans le monde. Harold s'intéresse à ce qui se passe dans le monde ?

Mme Chasen Je pense bien.

Sylvie Sciences-Po, il n'y a rien au-dessus. Et le soir, je fais un peu de Sciences-Dom.

Mme Chasen Sciences-Dom ?

Sylvie Sciences domestiques. Pour être une bonne ménagère.

Mme Chasen (distraite) C'est un excellent choix.

Sylvie Le seul possible de nos jours.

Derrière Mme Chasen, Sylvie voit soudain Harold qui apparaît. Il installe un grand coffre dans le fond de la pièce.

Mme Chasen Dites-moi : vous êtes une habituée des rencontres par ordinateur ?

Sylvie Moi ? Pas du tout, je n'ai pas besoin de ça. Seulement, voilà : nous sommes tout un groupe de filles et nous avons décidé qu'il fallait essayer ça. Alors, on a tiré à la courte paille et j'ai perdu.

Mme Chasen Comment ?

Sylvie rit et ajoute rapidement.

Sylvie Mais j'ai très envie de connaître Harold.

Harold apparaît de nouveau et se glisse dans le coffre. Sylvie regarde, fascinée. Mme Chasen, de sa place, ne le voit pas.

Mme Chasen Je me demande ce qui peut le retenir. Voulez-vous une tasse de thé ?

Sylvie De... quoi ?

Mme Chasen Une tasse de thé.

Sylvie Ah oui, merci.

Mme Chasen appuie sur un bouton et la femme de chambre entre.

Mme Chasen Marie, servez-nous le thé, je vous prie. Avec les macarons que j'ai rapportés ce matin.

Marie jette à Sylvie un regard compatissant. Elle sort. Sylvie regarde le coffre.

Sylvie Est-ce qu'Harold a un passe-temps favori ?

Mme Chasen Un passe-temps, c'est beaucoup dire. Mais il lui arrive de se montrer sous un jour assez inattendu.

Sylvie Il fait des farces ?

Mme Chasen En quelque sorte.

Sylvie, rassurée, a un petit rire.

Sylvie J'ai un frère qui est un farceur incroyable.

Mme Chasen Vraiment ?

Sylvie Un dimanche, avec mon oncle Fred, ils ont pris le vieux poste de télé, dans le garage. Ils l'ont complètement démonté, ils l'ont installé dans le living-room. Mon oncle Fred s'est couché derrière. Toute la famille est arrivée, et qu'est-ce qu'ils ont vu ? L'oncle Fred en train de lire les informations.

Sylvie rit.

Mme Chasen C'était sûrement très drôle.

Une violente explosion secoue le coffre. Tout un côté s'écroule. A l'intérieur, on ne voit qu'un squelette fumant.

Sylvie Ha... Harold !

Mme Chasen ne comprend pas ce qui se passe. Sylvie a sans doute perdu la tête. Marie entre avec le thé et dépose le plateau sur la table.

Harold ! Regardez ! Là !

Mme Chasen se retourne et voit le squelette. Au même instant, le vrai Harold paraît.

Mme Chasen Oh, non... Harold ! Est-ce ton squelette que je vois dans mon salon ?

Sylvie, en proie à une crise de nerfs, s'enfuit en courant, à la satisfaction d'Harold, la résignation de Mme Chasen et la curiosité de Marie. Musique adéquate à la crise de nerfs.

SCÈNE VIII

La maison de Maude.

L'inspecteur Bernard, un grand et rude policier, et son assistant Doppel — plutôt petit et gros — entrent avec le père Finnegan, qui est assez mal à l'aise. Bernard vient de voir la voiture du prêtre dans la rue.

Bernard C'est votre voiture ? Vous êtes bien sûr ?

Le prêtre Oui, oui. C'est ma voiture.

Bernard Notez ça, Doppel. Identification formelle. Vous allez signer, monsieur l'Abbé. C'est comme si j'avais le mandat.

Le prêtre Vous allez arrêter madame Chardin.

Bernard Très exactement. Nous avons déjà eu quelques petits accrochages ensemble, mais elle s'en est toujours tirée. Cette fois, les faits sont là. C'est comme si elle était dedans.

Harold entre.

Qui êtes-vous ?

Harold Pardon ? Oh, bonjour, mon père.

Bernard Je vous ai demandé : qui êtes-vous ?

Le prêtre C'est le jeune homme dont je vous ai parlé, Harold Chasen.

Bernard Celui qui a pris votre voiture avec la vieille dame ? Notez son nom, Doppel.

Harold Qu'est-ce qui se passe ? Où est Maude ?

Bernard J'allais justement vous le demander.

Harold Je n'en sais rien.

Bernard Vous êtes un de ses amis ?

Harold (hésitant) Eh bien... heu...

Bernard Très facile. Répondez par oui ou par non. Vous êtes un de ses amis ?

Harold (se décidant) Oui.

Bernard Notez ça, Doppel. Vérifiez si nous n'avons rien en instance à son nom.

Doppel sort.

Harold Je n'ai rien fait.

Bernard Possible. Mais votre amie est accusée d'avoir volé une voiture.

Le prêtre A ce propos, inspecteur, je ne voudrais pas en faire une histoire. Puisque j'ai retrouvé la voiture, ne pourrions-nous pas en rester là ?

Bernard Écoutez. Ça fait un bon bout de temps que j'essaye d'épingler cette dame. Ce n'est pas maintenant que vous allez me laisser tomber.

Le prêtre Une arrestation, un procès... Après tout, si elle promet de ne plus recommencer...

Bernard Un délit a été commis. On ne plaisante pas avec ces choses-là, monsieur l'Abbé.

Le prêtre Je vous comprends. Je vais lui parler avec sévérité, mais je ne crois pas devoir porter plainte.

Bernard (de mauvais gré) Parfait. C'est vous qui décidez. Mais souvenez-vous : le prochain coup qu'elle fait, c'est vous qui êtes responsable.

Doppel entre en coup de vent.

Doppel Chef ! Chef !

Bernard Qu'est-ce qu'il y a encore, Doppel ?

Doppel Un appel radio. On nous demande au zoo.

Bernard Au zoo ?

Doppel Oui. On a volé un phoque.

Harold Comment ? Un ph... !

Nerveux, Harold regarde autour de lui, cherchant le phoque.

Bernard Un phoque ? On a volé un phoque ? Il y a encore plus de cinglés que je croyais dans cette ville. On y va, Doppel. (A Harold.) Mais dites à votre amie qu'un jour ou l'autre elle va commettre une erreur. Et ce jour-là, je ne la louperai pas. Je ne la louperai pas, monsieur l'Abbé ! Notez ça, Doppel.

Bernard sort avec Doppel.

Le prêtre Je crois qu'il parle sérieusement. Vous devriez dire à Madame Chardin de faire attention.

Harold (qui voudrait qu'il s'en aille) Oui, mon père.

Le prêtre Je sais que ses intentions sont bonnes, mais elle est si impulsive que ça risque de mal finir.

Harold Je le lui dirai.

Le prêtre Elle ne peut pas comme cela s'emparer de tout ce qui lui tombe sous la main. Il existe des règlements.

Maude entre.

Maude Bonjour, Harold. Quelle joie de vous revoir, père Finnegan ! Quelle douce surprise ! Avez-vous célébré de belles funérailles ces temps derniers ?

Le prêtre Madame, ce n'est pas seulement une visite de courtoisie. J'ai quelque chose de très important à vous dire.

Maude Oh, que c'est excitant ! Entrons !

Harold (vivement) Non ! (Maude et le prêtre s'arrêtent et le regardent.) On est si bien dehors... C'est calme et... (avec intention, à Maude) il n'y a pas d'animaux.

Maude (qui rit) Mais de quoi parlez-vous ? Entrez, mon père, nous allons boire un bon petit thé.

Maude rentre, le prêtre la suit. Harold entre à son tour avec un léger haussement d'épaules.

Le prêtre Tout ce que j'ai à vous dire, madame, c'est que vous avez beaucoup de chance.

Maude Ça, c'est vrai.

Le prêtre J'ai décidé de ne pas porter plainte.

Maude Ah oui ! A quel propos ?

Le prêtre Vous avez pris ma voiture, hier. Vous vous rappelez ?

Maude A quoi ressemblait-elle ?

Le prêtre Une Volkswagen bleue, avec une médaille de Saint Christophe.

Maude Ah, oui, je me rappelle. Elle tire un peu à gauche.

Le prêtre Oui. Mais...

Maude Et les freins sont mous.

Le prêtre Oui, mais...

Maude Connaissez-vous le thé d'avoine ?

Le prêtre Non.

Maude C'est délicieux. Et ça fait beaucoup de bien.

Le prêtre Madame, il ne faut pas prendre ça à la légère. Une voiture, c'est une chose sérieuse.

Maude Vous trouvez ? Moi, ça ne m'a jamais beaucoup enthousiasmée. Une voiture, ça se conduit, c'est tout. Ah ! Si elle était vivante, comme un cheval ou un chameau ! A propos, où est monsieur Murgatroyd ? Vous l'avez vu ?

Le prêtre Monsieur Murgatroyd ?

Harold Il est... Il est dans la salle de bains, mais il ne veut à aucun prix qu'on le dérange.

Maude Qu'est-ce que vous racontez, Harold ? Il adore qu'on le regarde quand il prend un bain.

Le prêtre Oh ! Madame !

Maude Tiens, voilà son ballon.

Maude lance le ballon au père Finnegan. Harold essaye d'empêcher l'inévitable.

Harold Maude, je crois sincèrement que nous ne devrions pas entrer...

Maude Qu'est-ce qui vous prend, Harold ? Il est tout à fait charmant. Vous le savez bien. Mon père, je suis sûre que si vous le lui demandez gentiment, il se tiendra debout dans la baignoire avec le ballon sur le nez.

Le prêtre Madame !

Maude Mugsie ! Mugsie ! Mon doux cœur ! Vous avez fini ?

Le prêtre Sainte Mère de Dieu ! C'est le phoque ! Je le savais ! Ah, mon Dieu, je le savais ! Vous l'avez pris au zoo ?

Maude Si vous aviez vu dans quelle eau il vivait ! Sale, polluée ! Et presque pas de place. J'ai senti que je devais le libérer. Le rapporter à la mer.

Harold La police était là à l'instant. Ils sont au courant.

Maude L'inspecteur Bernard et le petit sergent Doppel ? Oh, que je suis navrée de les avoir manqués !

Harold Vous n'avez pas peur ?

Maude Peur d'eux ? (Elle rit.) La police ! J'en ai vu d'autres. Bon ! Il va falloir s'occuper de Mugsie. (Au phoque.) Mugsie, mon doux cœur, il faut abréger votre séjour ici. Je vous ramène cet après-midi à la mer. Soyez gentil, Harold, de prendre les fleurs. Nous reviendrons par l'hôpital.

Harold prend un bouquet de fleurs.

Le prêtre Je vous demande pardon, madame... vous allez lâcher ce phoque dans la mer ?

Maude Bien sûr. Voulez-vous venir avec nous ?

Le prêtre Non, merci. Je suis très pris cet après-midi.

Maude Comme ça tombe bien. Ça ne vous dérange donc pas si nous prenons votre voiture ?

Maude sort sur ces mots.

Une plage.

Harold et Maude sont face à la mer et agitent la main pour dire au revoir au phoque. On entend le ressac et les mouettes. Derrière eux, des collines couvertes de fleurs sauvages, rouges.

Maude Adieu, monsieur Murgatroyd ! Bon voyage !

Harold Ça y est. Il s'en va.

Maude Vous ne trouvez pas qu'il nage à la perfection ? Il roule, il saute, il plonge. Il a l'air si heureux. (Elle regarde attentivement.) Mugsie ! Non ! Non !

Maude pousse un sifflement perçant et crie.

Ce n'est pas la bonne route ! Demi-tour ! Vers le Nord ! (Elle sourit.) Oui, c'est ça. Dans trois jours, il aura rejoint sa famille.

Harold Où avez-vous appris à siffler ?

Maude C'est très facile. Vous mettez ces deux doigts comme ça, que les bouts se touchent, vous les placez sous l'extrémité de la langue. Vous poussez la langue en arrière jusqu'à ce que les lèvres se ferment sur la première phalange. Vous serrez les lèvres et vous soufflez.

Harold, qui a suivi ces instructions, souffle. On entend un sifflement très faible.

C'est ça. Mais la langue doit rester recourbée.

Harold souffle de nouveau. C'est un peu mieux.

Voilà. Le reste est une question d'entraînement. Mon frère aîné m'avait montré quand j'étais petite. Il était sûr que je n'y arriverais jamais et, en définitive, je sifflais mieux que lui.

Harold Encore un truc que je ne connaissais pas.

Maude A nouveau jour, nouvel émoi. C'est ma devise. Ah, c'est merveilleux la vie, vous ne trouvez pas ! Et ce qu'il y a de plus merveilleux, c'est qu'elle ne dure pas toujours.

Harold A vous voir, on croirait le contraire.

Maude Moi ? Ah ! Vous ai-je dit que samedi j'aurai quatre-vingts ans ?

	Harold Vous ne les paraissez pas.
	Maude Conséquence d'une bonne alimentation, d'un bon exercice et d'une bonne respiration. Tous les matins on salue l'aurore comme ceci.
Maude fait un exercice qui la laisse essoufflée. Elle rit.	Sans doute, le corps se fatigue un petit peu. Pour moi, c'est bel et bien l'automne. Samedi, je devrai renoncer à tout cela.
Maude se met à fredonner.	Vous dansez ?
	Harold Comment ?
	Maude Vous dansez ? Vous chantez ?
	Harold Non.
	Maude C'est bien ce que je pensais. Comme on dit en Irlande : que le chemin de ta vie soit une danse heureuse !
	Harold Ils disent ça en Irlande ?
	Maude Continuellement. Et vous, qu'est-ce que vous faites, Harold, en dehors des enterrements ?
	Harold Beaucoup de choses. Je travaille dans ma chambre. Sur mes projets.
	Maude Vous ne sortez jamais ?
	Harold Si. Le jeudi, par exemple, je vais à la décharge publique. C'est le jour où ils font des cubes de ferrailles. Je peux vous y emmener, si vous voulez.
	Maude J'adorerais. Ça a l'air excitant comme tout. Et moi, en échange, je vous emmènerai voir une ferme de fleurs. Avez-vous déjà vu une ferme de fleurs ?
	Harold Jamais.
	Maude C'est un régal. Les fleurs sont tellement amicales.
	Harold Vraiment ?
	Maude Si réconfortantes. Elles naissent, poussent, fleurissent, se dessèchent, meurent et se transforment en autre chose. C'est à vous donner des frissons.

Harold Tout change, j'imagine.

Maude Tout ! Moi, si j'avais le choix, je voudrais devenir un tournesol.

Harold Pourquoi ?

Maude Parce qu'un tournesol, c'est grand. (Elle rit.) Et vous, Harold ? Quelle fleur aimeriez-vous être ?

Harold (montrant les fleurs que tient Maude) Aucune idée. Je suis quelqu'un de très ordinaire. Peut-être une de celles-ci.

Maude Pourquoi dites-vous ça ?

Harold Parce qu'elles sont toutes les mêmes.

Maude Mais c'est faux ! Regardez !

Maude montre à Harold le bouquet qu'elle serre dans sa main gauche.

Vous voyez ? Il y en a de plus petites, de plus grosses. Certaines penchent à droite, d'autres à gauche. Il y en a même qui ont des pétales qui manquent. Elles sont tout à fait comme les Japonais. Vous croyez d'abord qu'ils se ressemblent tous mais quand on les connaît, rien de plus varié. Chaque personne est différente. Avant, elle n'existait pas, après, elle n'existe plus. Exactement comme cette fleur. Un cas unique. Un individu.

Harold Nous sommes tous des individus mais il nous faut vivre ensemble.

Maude Au fond, je crois que notre misère vient du fait que les gens savent qu'ils sont ceci... (elle lui montre la fleur) et acceptent qu'on les traite comme cela.

Maude serre le bouquet dans son autre main.

Bon. Si on allait boire un peu de champagne ? A la santé de monsieur Murgatroyd !

Harold (en souriant) Je ne bois pas.

Maude Pas de danger, c'est un produit naturel.

Harold Alors, allons-y pour le champagne.

Maude Et puis, comme on dit toujours : qui a bu boira !

Harold Ah, ils disent cela aussi en Irlande ?

Maude Non. En France !

Noir.

SCÈNE X

La maison d'Harold.

Mme Chasen est assise avec la seconde jeune fille envoyée par l'ordinateur. Celle-ci s'appelle Nancy Marsch. Elle est petite, elle porte des lunettes. Ses cheveux sont bruns, bien coiffés, et son désir de plaire est presque trop visible. Les deux femmes prennent le thé.

Mme Chasen Du lait ?

Nancy Non, merci.

Mme Chasen Du sucre ?

Nancy Non, merci... Oh, plutôt oui. Merci.

Mme Chasen Un seul morceau ?

Nancy Deux, s'il vous plaît. Merci.

Mme Chasen tend la tasse à Nancy.

Merci.

Mme Chasen Si j'ai bien compris, Nancy, vous êtes secrétaire ?

Nancy Oui. Chez Harrison. Graines et semences Harrison.

Mme Chasen Et quel est exactement votre rôle ?

Nancy Eh bien, je commence à huit heures et demie, huit heures quarante si je manque mon bus, ce qui n'a pas d'importance étant donné que Monsieur Harrison n'arrive jamais avant neuf heures. En fait, comme dit Sheila — mon amie Sheila Farenheit qui travaille en face, chez Henderson, émaux et faïences. Rien à voir avec nous, comme vous pensez, mais quelquefois ils reçoivent notre courrier et nous le leur. Harrison graines et semences, Henderson émaux et faïences, ça sonne un peu pareil, mais naturellement nous ne faisons pas du tout les mêmes choses. Quelquefois, ça nous fait bien rire, Sheila et moi.

Mme Chasen (distraite) Ce doit être un travail très intéressant.

Nancy Passionnant.

Mme Chasen Je me demande ce qui peut bien retenir Harold. (Elle sonne.) Il sait que vous êtes là. Il est juste monté changer de chemise.

La femme de chambre entre.

Marie, allez dire à Harold de se dépêcher. Mademoiselle Nancy l'attend.

Nancy (avec douceur) Oui...

Marie lance un regard compatissant à Nancy et sort.

Mme Chasen Vous avez toujours vécu dans cette ville ?

Nancy Oui, j'y suis née, j'y suis allée à l'école et maintenant j'y travaille. (Elle rit.) J'ai peut-être l'air un peu casanière. Mais comme dit papa : « Ne te presse pas de quitter la maison. Ça viendra bien assez tôt. »

Nancy rit, très amusée, et Mme Chasen l'imite poliment. Elles sirotent leur thé quand retentit un violent coup de feu, qui vient d'en haut. Nancy, qui a sursauté, regarde Mme Chasen. Après un regard mécontent vers le premier étage, celle-ci adresse à Nancy un sourire rassurant. Elle s'empare de la théière, bien décidée à ignorer cet incident.

Mme Chasen Un peu plus de thé ?

Nancy Non, je... Oh, après tout, oui. Merci.

Mme Chasen Votre père est un sage. Que fait-il dans la vie ?

Nancy Il est à la retraite. Mais il travaillait pour la télévision.

Mme Chasen (impressionnée) Vraiment ?

Nancy Oui. Il était poseur d'antennes. Mais après le mariage de ma sœur Gloria, l'année dernière, non, je me trompe, c'était l'année d'avant, vous vous rappelez, quand il a tant plu ? Il a même plu le jour du mariage, mais comme me disait papa, j'étais une des demoiselles d'honneur, il m'a dit : « Après la pluie vient le soleil », et je pense qu'il avait raison, étant donné que maintenant elle habite en Arabie Saoudite. Son mari est dans le pétrole.

Mme Chasen lui sourit et regarde la pendule.

Mme Chasen Je ne comprends pas ce que fait Harold. Il devait mettre une chemise propre et...

Un nouveau coup de feu éclate. La porte s'ouvre et la femme de chambre entre, portant une chemise tachée de sang qu'elle dépose sur le sol. Mme Chasen et Nancy la regardent, attendant une explication.

Harold (off) Et merde !

Nancy paraît de plus en plus nerveuse. Elle regarde Mme Chasen.

Mme Chasen Racontez-moi comment vous en êtes venue à l'ordinateur.

Nancy C'est une histoire vraiment très drôle. Le mois dernier, mon amie Sheila, vous savez, elle travaille en face, elle sortait avec son ami Arthur, qui joue de la clarinette. Il a un frère jumeau qui s'appelle Arnold et qui justement est chauffeur chez nous. Nous avons un parc de dix et quelquefois de douze camions. En fait, voyez-vous, je tape les bons de livraison, d'habitude le lundi matin, à moins que j'aie encore des factures du vendredi, auquel cas je...

Nancy sursaute au bruit violent d'un coup de feu tout proche. Harold entre, tenant un fusil qui fume. L'air mécontent, il le dépose sur une table, puis il se dirige vers les deux femmes et s'arrête devant elles comme s'il venait de déposer sa raquette de tennis après une partie perdue. Mme Chasen est la première à reprendre contenance. Elle montre Nancy, qui tremble.

Mme Chasen Harold, mon chéri, voici Nancy Marsch. Et voici mon fils Harold, Nancy.

Nancy Bonjour... Très... Très heureuse de vous connaître...

Harold Bonjour.

Mme Chasen Assieds-toi, je te sers une tasse de thé. Nancy était justement en train de me raconter... quoi donc déjà ?

Harold s'assied, sa main gauche posée sur une petite table.

Nancy Les factures... (A Harold.) ...les factures que je tape le lundi matin...

Mme Chasen Nancy est secrétaire chez Henderson, graines et semences.

Nancy Harrison, madame. Harrison.

Mme Chasen Oh ! pardon...

Nancy Vous pensiez sans doute à Henderson, émaux et faïences. (A Harold.) Tout le monde s'y trompe. Ils sont juste en face avec mon amie Sheila Farenheit.

Harold hoche la tête en souriant, saisit un gros hachoir sous sa veste et d'un seul coup se tranche la main. Mme Chasen cesse de verser le thé et regarde le hachoir planté dans la table, tandis que les yeux de Nancy, à la vue du moignon sanglant, s'ouvrent tout grands. Sans expression, Harold regarde sa mère, laquelle respire profondément et décide de faire face à une situation désespérée. Elle sourit aimablement à la jeune fille, qui est très pâle.

Mme Chasen Encore un peu de thé, Nancy ?

Nancy bat des paupières, sourit faiblement à Mme Chasen et pose soi-

gneusement sa tasse sur la table. Nancy se lève en vacillant. Avec un autre vague sourire, elle veut se diriger vers la porte. Elle fait un pas avant de s'écrouler sur la table comme une poupée désarticulée.	**Nancy** Je... Je ne me sens pas... Excusez...

SCÈNE XI

Le bureau du docteur. Le docteur est au téléphone.	**Le docteur** Comment ?... Vous êtes sûre, chère amie, de ne pas vous tromper ?... La première jeune fille, il l'a... Vraiment ?... Et la seconde... Un hachoir ? Seigneur !... Qu'est-ce qu'il s'est coupé avec un hachoir ? **Mme Chasen** La main gauche. **Le docteur** Ah ! Bon ! **Mme Chasen** Sans parler de la table ! Je ne vous cache pas que je suis un peu désappointée. **Le docteur** Oui, moi aussi. J'espérais que ces séances apporteraient quelque amélioration, mais visiblement... **Mme Chasen** Quand le revoyez-vous ? **Le docteur** Ce matin. Harold a téléphoné pour annuler tous ses rendez-vous. **Mme Chasen** Tous ? **Le docteur** Oui, tous. **Mme Chasen** Mon frère le général dit que seule l'armée pourrait en faire un homme. **Le docteur** Chère amie, d'après ce que vous venez de m'apprendre sur Harold, je crois pouvoir vous affirmer qu'il a toutes les qualités requises pour faire un très bon militaire.

Dehors, il pleut. Mais dedans, il fait bon et chaud. Assis sur des coussins près d'une table basse, Harold et Maude achèvent un dîner japonais. Ils sont vêtus de kimonos et Maude se lève pour montrer le sien (inspiré par le tableau de Monet).

Maude On me l'a offert à Yokohama. Avec un éventail assorti.

Harold C'est très beau. Nous avons bien fait de manger japonais. C'était un dîner parfait.

Maude C'était un jour parfait. Cette promenade sous la pluie à la ferme aux fleurs, peut-on rêver plus délicieux ?

Harold (riant) La pluie était enivrante. Trempés jusqu'à la moelle. Nous aurions dû prendre ce parapluie.

Maude se retourne pour regarder le vieux parapluie qui pend sur la cheminée.

Maude Ah, mon Dieu ! Depuis le temps, je l'avais oublié !

Maude prend le parapluie.

Je m'en servais pour me défendre pendant les manifestations, les piquets de grève, les meetings politiques. Traînée par la police, attaquée par les vauriens de l'opposition. (Elle rit.) C'était le bon temps.

Harold Vous vous battiez pour quoi ?

Maude Oh, pour de nobles causes. La liberté. La justice. La misère du monde. Et puis les rois sont morts, ainsi que les royaumes. Honnêtement, je ne regrette pas les royaumes — les frontières, les nations, le patriotisme, tout ça n'a aucun sens — mais je regrette un peu les rois. Oui. Petite fille, à Vienne, on m'emmenait au palais pour la garden-party. Je revois encore l'éclat du soleil sur la fontaine, les parasols, les uniformes des jeunes officiers, si brillants. Je voulais épouser un soldat. (Elle rit.) Comme Frédéric a pu me le reprocher ! Il était si sérieux. Grand, net. Docteur à l'Université, diplomate. Il pensait que la dignité, c'est la façon dont on porte son chapeau. C'est d'ailleurs ce qui nous a rapprochés. Je lui ai déquillé le sien avec une boule de neige près du kiosque à musique.

Maude sourit avec douceur et regarde le feu sans le voir.	Mais tout cela, c'était... c'était avant...
Harold la regarde, ne sachant que dire.	**Harold** (après un temps) Vous ne vous servez plus du parapluie ?
	Maude (le regardant) Non. Je ne m'en sers plus.
	Harold Plus de révoltes ?
	Maude Comment ? Mais chaque jour ! Seulement, je n'ai plus besoin de me défendre. Le même combat pour les nobles causes, mais à ma nouvelle manière. Discrète. Individuelle. J'ai mon arme secrète moi aussi : la tendresse.
Maude sourit chaleureusement, puis se penche et prend un narguilé qui est posé à côté d'elle.	Voulez-vous une bouffée ?
	Harold Franchement, je ne crois pas que...
	Maude Oh, pas de danger. C'est un produit naturel. Un mélange d'herbes...
	Harold Bon.
Maude allume le narguilé et tend l'un des tuyaux à Harold.	**Maude** Aspirez un bon coup.
Harold prend le tuyau et aspire. Il sourit.	**Harold** Je prends des vices.
	Maude Vice, vertu... Mieux vaut glisser. On se priverait de tout. Confucius disait : « Emprunter le bon chemin ne suffit pas. Fais en sorte qu'il soit agréable. »
	Harold Confucius a dit ça ?
	Maude (souriante) Comme il était très sage, il l'a sûrement dit.
Harold tire une autre bouffée. Il regarde Maude attentivement.	**Harold** Vous êtes la personne la plus sage que je connaisse.

Maude Moi ? Quelle blague... Quand je regarde autour de moi, tout ce que je sais, c'est que je ne sais rien. Une fois, en Perse, nous avons rencontré un sage professionnel. C'était son métier. Il vendait aux touristes des têtes d'épingles avec quelques mots gravés. « Les paroles les plus sages du monde ! » disait-il. Frédéric en acheta une. Rentrée à l'hôtel, je pris une loupe et je lus sur la tête d'épingle : « Et cela aussi passera. » (Elle rit.) Le sage avait raison. Mettez ça en pratique et votre vie sera comblée.

Harold tire pensivement sur sa pipe.

Harold Je n'ai pas vécu, c'est vrai. (Un temps.) Mais je suis mort plusieurs fois.

Maude C'est-à-dire ?

Harold Mort. Dix-sept fois. Sans compter les mutilations.

Tout à coup, Harold éclate de rire. Le « produit naturel » commence à faire son effet.

Une fois, je me suis fait sauter la tête avec un pistolet à bouchon et un sachet de sang.

Maude Très ingénieux. Racontez-moi.

Harold Ce qui compte avant tout, c'est le timing et l'équipement adéquat... Vous voulez vraiment que je vous raconte ?

Maude Et comment !

Harold (épanoui) O.K. La première fois, je n'avais rien préparé. J'étais au collège, dans la salle de chimie. Je travaillais sur une expérience, je mélangeais des produits, tout ça très scientifique. Tout à coup, bang ! Tout saute. Un trou énorme dans le plancher. Je me retrouve par terre, les cheveux brûlés. Je me relève. De la fumée, des flammes partout. Tout ce que je voulais, c'était sortir de là. Par bonheur, je trouve un vieux vide-ordures, je me laisse glisser jusqu'au sous-sol, je sors. Tout le toit était en feu. Des gens couraient en criant, on sonnait l'alarme. Je me suis dit : autant rentrer à la maison.

Harold s'assied auprès de Maude.

Ma mère donnait une réception. Je me glissai dans ma chambre par derrière. Tout à coup, on sonne à la porte, en bas. La police. Je me penche par-dessus la rampe. Je les entends dire à ma mère que j'étais mort à l'école dans un incendie. Je ne pouvais pas voir son visage mais elle se mit à chanceler en regardant les invités. Elle se tenait le front d'une main, l'autre main tendue, comme si elle cherchait un appui. Deux hommes se précipitèrent vers elle et alors, avec un long, long soupir, elle s'effondra dans leurs bras. (Il s'arrête un moment.) Je venais de découvrir qu'être mort me plaisait beaucoup.

Maude ne dit rien pendant quelques instants. Puis elle parle doucement.

Maude Oui, je comprends. Beaucoup de gens aiment ça. Passer pour morts. Ils ne sont pas vraiment morts mais ils tournent le dos à la vie. Ils restent assis sur les bancs du stade en regardant le match. Le seul qu'ils verront jamais. A chaque instant ils pourraient y participer et ils ne font rien... (Elle se lève et crie.) Mais allez-y, bon Dieu ! Foncez ! Tant pis si ça fait mal ! Jouez ! Vivez ! Sinon, de quoi parlerez-vous au vestiaire ?

Harold lui sourit.

Harold Je vous aime bien, Maude.

Maude lui rend son sourire.

Maude Moi aussi, Harold. On va chanter.

Harold Chanter ?

Maude Ne me dites pas que vous ne savez pas chanter. Tout le monde peut chanter, même moi.

Maude s'assied au piano et commence à jouer le morceau que nous appellerons « La musique de Maude ». Elle le chante une fois et demande à Harold de répéter après elle.

« La mer est en bleu entre deux rochers bruns...

Harold (chantant) « La mer est en bleu entre deux rochers bruns...

Maude (chantant) « Je l'aurais aimée en oran-an-ge...

Harold (chantant) « Je l'aurais aimée en oran-an-ge...

Maude (chantant) « Ou même en arc-en-ciel comme les embruns,
Étran-an-ges

Harold (chantant) « Ou même en arc-en-ciel comme les embruns,
Étran-an-ges

Maude enchaîne sur le refrain. Harold se joint à elle et, tous deux, chantent plus ou moins ensemble.

Ensemble (chantant)
« Je voudrais changer les couleurs du temps
« Changer les couleurs du monde
« Le soleil levant, la rose et les vents
« Le sens où tournera ma ronde
« Et l'eau d'une larme, et tout l'Océan
« Qui gron-on-de. »

A la fin de la chanson, Harold rit et applaudit.

Maude Ce n'est pas si mal. Si on jouait quelque chose ensemble ?

Harold Je ne joue de rien.

Maude De rien ? Mais qui a pris soin de votre éducation ? Tout le monde devrait être capable de faire un peu de musique. C'est le langage universel, la grande danse du cosmos ! Voyons un peu ce que je pourrais trouver... La trompette, non.

Maude ouvre une grande armoire qui est pleine d'instruments de musique. Elle fouille un peu, y prend un banjo et le donne à Harold.

Ça, c'est parfait.

Maude montre à Harold comment jouer.

Vous le tenez comme ceci et vous placez vos doigts... un petit peu partout.

Harold gratte quelques notes.

Harold Ça n'a que de lointains rapports avec la musique.

Maude Faites d'abord connaissance. Quand vous serez devenus amis, laissez la musique couler, en liberté, comme si vous dansiez.

Maude s'installe au piano et commence à jouer la valse de « La Veuve Joyeuse ». Après le premier mouvement, elle frappe le gong, qui est

posé sur le piano, et le piano se met à jouer tout seul. Maude se lève et danse dans la pièce, cependant que Harold regarde, enchanté, tout autour de lui, se demandant d'où vient la musique.	Venez. Je vais vous apprendre à valser.
	Harold Comment faites-vous ?
La musique s'arrête. Maude se méprend sur le sens de sa question.	**Maude** Rien de plus facile.
Maude fait une petite démonstration de danse.	Un-deux-trois, un-deux-trois...
Maude fredonne quelques notes tout en dansant et, au moment voulu, elle frappe de nouveau le gong. La musique repart aussitôt en parfait accord avec la voix de Maude, qui tend ses bras à Harold.	On danse ?
Harold sourit et la prend dans ses bras. Ils valsent ensemble quand tombe le rideau.	

ACTE 2

SCÈNE I

Chez Harold.

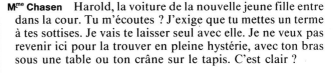

Quand la lumière s'allume, Harold est assis dans le salon, s'exerçant au banjo. Un instant plus tard, entre sa mère.

Mme Chasen Harold, la voiture de la nouvelle jeune fille entre dans la cour. Tu m'écoutes ? J'exige que tu mettes un terme à tes sottises. Je vais te laisser seul avec elle. Je ne veux pas revenir ici pour la trouver en pleine hystérie, avec ton bras sous une table ou ton crâne sur le tapis. C'est clair ?

Harold Oui, maman.

Mme Chasen Puisque tu dis que tu peux te passer du docteur Mathews, c'est le moment de le prouver.

Harold Oui, maman.

Mme Chasen Cette jeune fille est ton invitée. Il faut l'accueillir avec courtoisie. Et n'oublie pas qu'elle est la troisième et dernière chance.

La femme de chambre introduit Rose d'Orange et sort. Rose est grande, avec des cheveux roux, des bottes et l'air très dégagé de qui en a vu d'autres.

Bonjour. Vous êtes, euh...

Rose Rose d'Orange.

Mme Chasen C'est ça. Venez. Je suis Madame Chasen. Voici mon fils Harold.

Harold Comment allez-vous ?

Rose Ça pourrait être pire.

Mme Chasen Ah, oui ! je me souviens. Vous êtes comédienne ?

Rose J'aime à le croire.

Mme Chasen Avec Harold, vous ne manquerez pas de sujets de conversation. Tout ce qui touche au théâtre l'intéresse.

Rose Chouette !

Mme Chasen Je vais chercher à boire. Harold, mon chéri, mademoiselle Fleur d'Oranger voudrait peut-être une cigarette ?

Rose Rose d'Orange, madame.

Mme Chasen Ah oui, bien sûr.

Mme Chasen sort. Harold conduit Rose au canapé et ils prennent place. Une courte pause.

Harold Une cigarette ?

Rose Non, merci. Ça tache les doigts.

Harold Ah !

Un silence. Harold essaye vraiment de nouer la conversation.

D'Orange, c'est votre vrai nom ?

Rose C'était le nom de mon professeur d'art dramatique. Louis d'Orange. Vous avez entendu parler de lui ?

Harold Non...

Rose Il a eu une influence décisive sur l'éclosion de mon instrument. L'instrument, c'est le corps, vous savez ça. Sentant éclore en moi quelque chose de neuf, je m'appelai d'Orange, en hommage à mon maître. Rose est mon vrai nom. Enfin, Rosette.

Rose se lève et regarde la pièce.

Superbe endroit. Les meubles, j'adore. Ça me rappelle le décor qu'on avait pour *Macbeth.* (Rapidement.) Version moderne. (Elle voit le banjo.) Vous jouez ?

Harold J'apprends. Et vous ?

Rose Pas vraiment. J'ai étudié la guitare et j'ai dû abandonner. Ça me donnait des cals au bout des doigts. Une comédienne ne peut pas se permettre d'avoir un instrument calleux.

Harold C'est évident.

Un silence. Harold essaye encore.

Vous jouez beaucoup ?

Rose Je m'entraîne tous les jours. Méthode d'Orange, l'instrument toujours accordé. Récemment, j'ai travaillé les classiques. Shakespeare, Bernard Shaw. Surtout sa Cléopâtre. Je voudrais la donner avec l'accent arabe.

Harold soupire. Rose aperçoit une panoplie sur la cheminée.

Hé ! Quelle chouette collection de lames ! Je peux toucher ?

Harold (pris d'une idée) Vous l'avez dit.

Harold se lève et se rapproche de Rose.

Rose J'ai dit quoi ?

Harold C'est une chouette collection de lames.

Rose Vraiment ?

Harold Vraiment.

Harold prend un poignard.

Celle-ci, tenez, est très intéressante. C'est un sabre de Hara-Kiri.

Rose Quel pied !

Harold Une ancienne cérémonie japonaise.

Rose Ah oui ! Comme le thé ?

Harold Pas tout à fait. Regardez. Comme ça.

Avec un cri asiatique, Harold plonge le sabre dans son ventre. Il tombe sur ses genoux et, saignant abondamment, continue à s'éventrer jusqu'à ce qu'il s'écroule en avant avec un dernier soubresaut. Rose regarde le corps sans vie *et tombe à genoux en poussant un cri.*

Rose Génial ! Absolument génial ! Qui avez-vous eu comme professeur ?

Rose s'écarte soudain.

Oh ! pardon. Je sais ce que c'est. J'ai joué Juliette au cours d'Orange. La Juliette de Roméo. Louis pensait que c'était mon meilleur rôle.

Rapidement Rose arrange ses cheveux et, après une respiration profonde, se jette dans le rôle de Juliette, qui se lamente après la mort de Roméo.

Qu'est ceci ? Une coupe ? Sur quoi s'est refermée la main de mon bien-aimé ? Un poison qui, je vois, fut sa mort trop hâtive. Avare ! Tu as tout bu ! (*Elle bat Harold.*) Sans laisser, pour m'aider, une goutte amicale ! Je vais baiser tes lèvres.

Rose prend vigoureusement Harold dans ses bras. Il ouvre les yeux, terrifié, mais Rose poursuit.

Du poison est encore à couler de ta bouche pour me porter remède en me faisant mourir.

Rose embrasse Harold qui aussitôt se remet à genoux.

Que tes lèvres sont chaudes...

Harold Hé...

Rose J'entends du bruit là-bas... Il me faut me hâter.
O bienheureux poignard !

Rose prend le poignard. Rose s'arrête pour vérifier le tranchant de la lame. Satisfaite, elle continue.

O bienheureux poignard, voici ton vrai fourreau... Repose-toi... ici... et laisse-moi... mourir...

Rose se poignarde et tombe sans mouvement sur le sol. Harold est très étonné. Il n'avait jamais rien vu de semblable. Il est debout au-dessus du corps sanglant de Rose, ne sachant que faire. La femme de chambre entre avec un aspirateur. Elle passe près d'Harold, regarde Rose et sort, impassible. Mais nous entendons soudain crier. Mme Chasen se tient sur le pas de la porte. Elle laisse tomber son plateau de verres.

Mme Chasen Harold !

Mme Chasen se calme un peu, tend le bras vers la fille sans vie.

C'était ton dernier rendez-vous !

SCÈNE II

Chez Maude.

Maude est devant sa porte, arrosant ses fougères, quand arrivent l'inspecteur Bernard et le sergent Doppel.

Maude Bien le bonjour, inspecteur. A vous aussi, sergent Doppel. C'est gentil de passer me voir. J'étais navrée de vous avoir manqués la dernière fois.

Bernard Madame, ce qui nous amène ici est très sérieux. Cette fois, vous n'allez pas vous en sortir avec de beaux discours... Les meubles Barkley, Barkley frères, ça vous dit quelque chose ?

Maude Ça devrait me dire quelque chose ?

Bernard En principe, oui. Tous vos meubles viennent de là.

Maude Ah, je me rappelle ! Un charmant vendeur. Avec un tic à l'œil gauche. Nous avons longuement bavardé. Savez-vous ce dont il rêvait ? De s'embarquer pour les mers du Sud et d'y devenir chasseur d'images. Il rêvait de photos de tortues et de perroquets.

Bernard Il s'appelait Eliot ? Quincy Eliot ?

Maude Oui. Un bon jeune homme. Je me demande ce qu'il est devenu.

Bernard D'après nos renseignements, il serait monté sur un cargo à destination de Samoa.

Maude Merveilleux ! Je lui avais vivement conseillé de le faire. C'était la seule façon de guérir son tic.

Bernard Possible. Mais il a laissé une telle pagaille dans ses

	papiers que les frères Barkley ont fait appel à nous. Voici une liste des meubles qui vous ont été livrés.
Bernard tend une liste à Maude.	Mais aucune trace de règlement. Donc, à moins que vous ne payiez sur-le-champ, j'ai ici une saisie-arrêt qui autorise la rentrée en possession immédiate desdits meubles. Vous avez l'argent ?
	Maude Non.
	Bernard Je m'en doutais.
Bernard reprend la liste et appelle deux déménageurs.	Allez, au travail !
Deux déménageurs entrent, prennent la liste et pénètrent dans la maison. Pendant la suite de la scène, nous les verrons passer avec le canapé de Maude, sa table, ses chaises. Maude, cela va de soi, ne s'en préoccupe en aucune façon.	**Maude** Vous prenez tout ?
	Bernard Ce qui est sur la liste.
	Maude Ah...
	Bernard Je mentirais si je disais que cela me fait de la peine. Il y a un bon bout de temps que vous avez planté un clou dans ma chaussure, si vous voyez ce que je veux dire. Mais je ne suis pas impitoyable. Je connais un bon asile de vieux pas loin d'ici et si vous vendez cette maison, je suis sûr que...
	Maude Cette maison ?
	Bernard Oui.
	Maude Elle n'est pas sur la liste ?
	Bernard Comment ?
	Maude Cette maison. Je crois me rappeler qu'elle est venue avec les meubles.
	Bernard Cette maison n'est pas votre maison ?

Maude Oh non !

Bernard Mais c'est que... c'est que... Doppel ! Prenez la suite ! Je vais vérifier ce qu'elle dit.

Maude C'est la vérité, inspecteur.

Bernard Alors, demain, il faudra déloger.

L'inspecteur sort. Maude s'adresse à Doppel.

Maude Demain, c'est mon anniversaire. Ça tombe très bien. Je me préparais à partir, de toute façon.

L'inspecteur sort. Harold entre avec son banjo. Il est stupéfait à la vue des déménageurs qui emmènent les meubles de Maude.

Harold, venez ! Plus on est de fous ! Dites-moi, sergent, ça va prendre combien de temps, d'après vous ?

Doppel Si nous n'avons pas fini ce soir, nous emporterons le reste demain.

Maude Le reste demain. Parfait.

Harold Qu'est-ce qui se passe ? Pourquoi emportent-ils vos meubles ?

Maude Ils débarrassent. Cela s'appelle une rentrée en possession. Je viens de l'apprendre. Aimeriez-vous un de mes tableaux, sergent ? Un peu de couleur dans votre existence...

Harold Vous allez vivre dans une maison vide ?

Maude La maison s'en va, elle aussi. J'aime à penser que toutes ces choses vont commencer une nouvelle vie. Ailleurs. Dites-moi, sergent, pensez-vous que l'inspecteur aimerait un petit souvenir ? Mon pistolet à graines, par exemple ?

Doppel Sincèrement, je ne pense pas.

Maude La baignoire des oiseaux peut-être ? Non ? Une fougère ?... Oh, Harold, regardez ! Nous n'avons pas encore planté le petit arbre.

Harold Maude...

Maude Non, non. Il faut le faire tout de suite. Prenez-le, je vais chercher une pelle. Excusez-nous, sergent, mais ça ne peut pas attendre. Si vous avez besoin de nous pour quoi que ce soit, nous sommes dans la forêt.

Maude sort.

Doppel (un peu nerveux) Vous pensez que je pourrais prendre la baignoire des oiseaux pour moi ?

Harold dépose son banjo et saisit l'arbre.

Harold Sergent, vous pouvez la prendre, vous asseoir dedans, barboter tant que vous voudrez. Et faire sauter un ballon sur le bout de votre nez. Personne ne s'en plaindra.

SCÈNE III

La forêt.

La lumière du soleil passe à travers les feuilles. Harold et Maude achèvent de planter le petit arbre. Maude tasse la terre autour du tronc et se redresse.

Maude Voilà. Il sera très heureux ici.

Harold C'est de la bonne terre.

Maude J'aime le contact de la terre. Et son odeur, pas vous ?

Harold Je ne sais pas.

Maude Quelle merveille. Toute cette vie autour de nous. Rien que des êtres vivants.

Harold Mais eux, demain, personne ne les mettra à la porte. Maude, si on essayait de contrecarrer la police ? Je peux vous le dire : je vous réservais une surprise pour votre anniversaire, demain soir.

Maude Comme c'est gentil. Mais ce n'est pas perdu. Ils ne me chasseront pas avant demain.

Harold Et les meubles ?

Maude Nous mangerons par terre. Nous aurons plus de place pour danser.

Harold Pour la police... on ne pourrait pas imaginer un petit truc pour...

Maude Ne parlons plus de ça. Voilà qui est fait. Adieu, petit arbre. Pousse, verdis et meurt pour nourrir la terre. Venez, je veux vous montrer quelque chose.

Harold et Maude s'avancent et s'arrêtent auprès d'un grand arbre.

Qu'est-ce que vous dites de cet arbre ?

Harold Il est grand.

Maude Attendez d'être en haut.

Harold Vous n'allez pas grimper ?

Maude Et pourquoi non ? Je le fais à chaque fois que je viens ici. Venez. C'est un arbre sans difficulté.

Maude commence à grimper.

Harold Et si vous tombez ?

Maude Spéculation hautement improbable, de toute façon stérile. (Elle regarde d'en haut.) Vous venez ou je vous décris le panorama ?

Harold (avec un soupir) D'accord, d'accord. Je viens.

Harold commence son escalade.

Maude Pas mal. Il y a de l'idée. Vous ne le regretterez pas. Du sommet, la vue est magnifique.

Harold J'espère.

Maude atteint le sommet et s'installe sur une grosse branche.

Maude Sublime. Regardez, là, il y a un escalier tout juste fait pour vous. Allons, un petit effort.

Harold à son tour parvient au sommet et s'assied auprès de Maude en s'agrippant fermement au tronc.

Vivifiant, non ?

Harold Oui, c'est... c'est haut !

Maude Imaginez un peu. Nous sommes là, blottis dans un berceau géant parmi des millions d'arbres. Et nous sommes une infime partie de tout ça.

Harold C'est la mer là-bas. Vous entendez le vent ?

Maude Si nous hissions la voile ! Qui sait ? Nous partirions peut-être... Capturer le vent, déchirer les vagues, cingler vers le large. Ce serait grisant.

Harold Vous en seriez capable. Moi, je me demande.

Maude J'aurais dû monter mon sac. Je pourrais tricoter ici.

Harold (qui commence à descendre) Je vais le chercher.

Maude Merci, Harold. Rapportez donc le cornet de pistaches. J'ai envie de grignoter quelque chose. Vous avez faim ?

Harold Un peu.

Maude Il y a aussi des oranges. Attendez une seconde. Je descends moi aussi.

Harold (qui commence à se détendre) La plupart des gens ne vous ressemblent pas. Ils s'enferment. Ils vivent tout seuls dans leurs châteaux. Comme moi.

Maude Château, roulotte, chaumière. Chacun vit enfermé. Mais on peut ouvrir les fenêtres, baisser le pont-levis, partir en visite, découvrir les autres, s'arrêter, voler ! Ah, c'est si bon de sauter le mur et dormir à la belle étoile !

Harold et Maude sont arrivés en bas.

Harold Il faut un certain courage. Vous n'avez pas peur ?

Maude Peur de quoi ? Ce qui est connu, je le connais. Ce qui est inconnu, je cherche à le connaître. (Ouvrant son sac.) Tiens, c'est des mandarines. A part ça, j'ai des amis.

Harold Qui ?

Maude L'humanité.

Harold (avec un sourire) Ça fait beaucoup de monde. Vous êtes sûre qu'ils sont tous vos amis ?

Maude Vous connaissez l'histoire des deux architectes qui viennent voir le Bouddha pour lui demander de l'argent ?

Le premier construisait un pont et le Bouddha fut très impressionné. Il se mit à prier et un grand taureau blanc apparut, avec un sac d'or sur le dos. « Prends-le », dit le Bouddha, « et construis d'autres ponts ». Le deuxième construisait un mur. « C'est un excellent mur », dit le Bouddha, un peu solennel comme d'habitude. Il se mit en prière, le taureau surgit, se dirigea vers l'architecte et s'assit tout simplement sur lui.

Harold (qui éclate de rire) Maude ! Vous avez inventé cette histoire.

Maude (qui rit avec lui) Mais c'est vrai ! Le monde n'a plus besoin de murs ! Nous devons mettre le nez dehors et construire de plus en plus de ponts.

Maude rit.

Harold J'en découvre des choses avec vous. Je grimperais au sommet du mont Blanc si vous veniez avec moi.

Maude Ça vous plairait beaucoup. La face Nord surtout.

Harold Vous l'avez faite ?

Maude Oui. Avec Frédéric. J'avais fait le pari de traverser à la nage le détroit de Constantinople. Il me devait un gage.

Maude tend une mandarine à Harold et en prend une. Ils se mettent à manger.

Harold Qu'est devenu votre mari ?

Maude Il est mort. Je n'ai jamais pu savoir comment. A la fin de la guerre, tout était horriblement confus. Quand j'ai pu me renseigner, personne ne savait plus rien.

Un temps. Maude inspire profondément en contemplant la cime des arbres.

Harold, il n'y a que le présent !

Harold Le ciel n'en finit, si bleu, et l'espace immense, tout noir.

Maude Percé d'étoiles innombrables. Une de mes amies disait : « En ce moment même, elles brillent ! Et nous ne pouvons pas les voir. » Il y a tant de choses qui nous échappent...

Harold Est-ce que vous priez ?

Maude Je communie.

Harold Avec Dieu ?

Maude Avec la vie !

Harold Et Dieu, vous y croyez ?

Maude Comme tout le monde.

Harold Ah bon !

Maude Évidemment, si vous creusez un peu...

Harold Mais Dieu, qu'est-ce que c'est pour vous ?

Maude Il a beaucoup de noms. Brahma, le Tao, Jehovah. Pour moi, mon point de vue est celui du Coran : « Dieu est Amour. »

Harold C'est dans les Évangiles.

Maude Ah ! Tiens !

Harold Un fameux cliché entre nous.

Maude Cliché aujourd'hui, demain pensée profonde et vice versa. Tout ce que je sais, quand je regarde cet arbre, c'est qu'il a beaucoup d'imagination. (Montrant son tricot.) N'est-ce pas ravissant. J'ai appris à tricoter l'année dernière.

Harold rit et s'allonge sur le sol en s'étirant.

Harold On est vraiment bien ici. J'ai l'impression d'être un enfant.

Maude rit.

Vous savez ce que j'aimerais faire ?

Maude Non. Quoi ?

Harold Des cabrioles.

Maude Qu'attendez-vous ?

Harold J'aurais l'air idiot.

Maude Et après ? Tout le monde a le droit d'avoir l'air idiot, de temps en temps.

Harold Bon.

Harold se lève et fait quelques cabrioles. Maude applaudit. Il rit. Elle se débarrasse de son tricot.

Maude Oh ! la roue... Je vais m'assouplir un peu.

Ce que Maude fait. Elle s'agenouille, forme un triangle avec ses mains et s'élance. Elle se tient en équilibre sur la tête, à la grande joie d'Harold. Harold s'agenouille à côté d'elle et met sa tête en bas comme elle l'a fait.

Harold Vous devez croire que vous marchez sur le ciel.

Maude Comme un nuage ?

Harold Vous êtes un nuage. Suspendu sans cesse entre ciel et terre. Vous êtes très belle.

Maude Vue à l'envers, ça peut passer. (Elle retombe.) Sacrés cheveux. De quoi ai-je l'air !

Harold (calme et doux) La plus belle personne que j'ai jamais vue.

Maude Harold (elle sourit), vous me donnez l'âme d'une collégienne.

Harold embrasse Maude sur la joue.

Harold Merci pour cette journée.

Maude Exquise, n'est-ce pas ? Et nous la voyons maintenant qui s'achève. Le soleil s'en va. Il nous précède. Nous allons rester seuls avec l'obscurité et les étoiles.

Harold Comme dirait votre amie.

Maude Elle faisait confiance aux étoiles. C'est ce qui l'a soutenue, malgré le froid, la faim. Et les miradors.

Harold Que lui est-il arrivé ?

Maude Je l'ai vue mourir en 1943. Le lundi de Pâques. Comme tant d'autres. Regardez !

Harold Vous avez un numéro sur votre bras.

Maude Je ne suis pas la seule. Regardez.

Harold regarde dans la direction que Maude lui montre.

Harold Ce n'est qu'une mouette.

Maude (calme) Pendant sa détention à l'Ile du Diable, le capitaine Dreyfus a décrit des oiseaux magnifiques. Beaucoup plus tard, en Angleterre, il réalisa que ce n'étaient que des mouettes. Venez, Harold. Les mouettes seront toujours des oiseaux magnifiques.

SCÈNE IV

La maison de Maude.

Il fait nuit. Harold et Maude entrent dans le noir. Maude allume les lumières du plafond et nous voyons que presque tous les meubles ont disparu et que la pièce est en désordre. Un lit à baldaquin a été amené de la chambre et laissé devant la cheminée. Certains tableaux, ainsi que d'autres objets manquent, ce qui donne une impression de vide un peu triste.

Harold Mais qu'est-ce que c'est ?

Maude Quelle splendeur ! Il y a tellement d'espace !

Harold On dirait qu'un cyclone est passé par là.

Maude J'aime bien ce côté laissé au hasard. Le lit n'importe où. Les lampes ? Envolées. C'est comme si je voyais tout pour la première fois.

Harold Qu'allez-vous faire demain quand ils viendront chercher le reste ?

Maude regarde les choses qu'on a laissées et ne semble pas entendre Harold.

Maude Je le distribuerai autour de moi. Les livres, je les laisserai à l'hôpital... Que disiez-vous ?

Harold Quoi qu'il arrive, je m'occuperai de vous.

Maude Pardon ?

Harold Vous n'aurez à vous soucier de rien.

Maude Harold, c'est adorable. Il faut que je pense à un cadeau particulier pour vous.

Harold Je parle sérieusement.

Maude Je le sais bien. Si vous prépariez un bon feu pendant que je cherche quelque chose à boire ?

Harold D'accord.

Harold commence à allumer le feu. Maude ouvre un petit meuble où elle prend un carafon et deux verres. Maude se met à allumer les bougies.

Maude Ah, un chandelier ! Voilà ce qu'il nous faut !

Les odorifiques, je les porterai à l'orphelinat demain. Quelle journée en perspective !

Harold N'oubliez pas ma surprise, demain soir, ici. Pour votre anniversaire.

Maude Je n'oublie pas. Je ne pense même qu'à ça.

Maude a terminé avec les bougies et les installe près du lit.

Et voilà.

Maude éteint les lumières du plafond et va vers les livres.

Maintenant, il nous faudrait un peu de musique. Je crois qu'il y a un concert de Chopin à la radio, ce soir.

Maude fait résonner le gong qui se trouvait sur le piano et la pièce est soudain remplie par la douce musique d'un concerto pour piano.

Harold (regardant autour de lui) Fabuleux !

Maude Ah, Chopin, j'adore... Le feu est très beau.

Harold Merci.

Maude s'assied sur le lit. Harold s'assied près de Maude.

J'aime l'odeur de ces bougies. Qu'est-ce que c'est ? Du bois de Santal ?

Maude Non. C'est du musc de Yack. Mais on lui donne sûrement un autre nom dans le commerce. « Senteurs himalayennes », par exemple, ou bien « Délices de Delhi ». Ça fait mieux, j'imagine.

Harold C'est plus romantique.

Maude Eh oui.

Harold et Maude se taisent un instant.

Harold On voit les étoiles par la fenêtre.

Maude Très claires.

Harold Qu'est-ce que vous disiez à propos des étoiles et de votre amie, celle qui est morte ?

Maude Elle regardait le ciel, des nuits comme celle-ci, et elle me disait que la lumière d'une étoile lointaine met plus d'un million d'années à nous atteindre. Un million d'années, c'est le temps qu'il a fallu à la nature pour faire l'aile d'un oiseau. Alors, avant que la lumière encore invisible de cette étoile nous touche, qu'est-ce qui se passera ? Que serons-nous devenus ?

Harold Maude...

Maude (levant les yeux) Oui ?

Harold Si nous chantions ?

Maude (se reprenant) Excellente idée !

Harold (se dressant) J'ai mon banjo. Je me suis entraîné.

Harold sort et rapporte le banjo.

Maude Ils ont pris le piano, mais tant pis. J'ai un harmonica quelque part par là. On pourrait essayer un duo.

Maude ouvre une vieille boîte et s'assied sur le lit. Harold revient et prend le banjo dans son étui.

Harold J'arrive à placer mes doigts mais il faut m'aider pour le temps. Je ne change pas de corde assez vite.

Maude a trouvé dans la boîte quelque chose qui, tout d'un coup, l'a attristée.

Maude Tout ce fouillis ! Mon Dieu !

Harold (il la regarde. Il est stupéfait) Maude ! Qu'y a-t-il ?

Maude Je suis tombée par hasard sur ces vieilles choses... Des lettres... Des tickets de pain... Et ça, regardez, une ancienne photographie... J'étais tellement différente... et pourtant la même...

Harold (perplexe) Je ne vous ai jamais vue pleurer. Je n'aurais jamais cru... Je pensais que le chagrin ne pourrait jamais vous atteindre...

Maude Oui, je pleure. Je pleure pour vous. Pour ceci, pour cela. Pour un coucher de soleil, pour une mouette. Je pleure quand quelqu'un torture son frère, quand il a du remords et demande qu'on lui pardonne. Quand on lui refuse le pardon. Quand on le lui accorde. On rit. On pleure. C'est comme ça.

Harold s'efforce de ne pas pleurer à son tour. Il prend la main de Maude et, avec son autre main, essuie les larmes sur sa joue. Elle sourit. Il se penche et l'embrasse sur les lèvres. La musique de Chopin continue. Ils se regardent à la lumière des bougies. Il la prend tendrement dans ses bras, l'embrasse de nouveau et sans effort ils se laissent tomber, enlacés, sur le grand lit à baldaquin.

SCÈNE V

La maison d'Harold.

Le lendemain matin, assise dans son salon, Mme Chasen parle au téléphone.

Mme Chasen Un échec total, ma pauvre Betty. La première s'est sauvée, la deuxième s'est évanouie et quant à la troisième, c'est moi qui ai failli me trouver mal. Une actrice complètement folle. Elle ne parlait que de son instrument. Elle s'est lancée à corps perdu dans une tirade de tragédie. C'est bien simple, même Harold en a été saisi. Enfin, tout

	ça c'était jeudi. Et puis, hier matin, il a quitté la maison. Il n'est pas encore rentré. Non ! Il n'est pas rentré de la nuit. Où ? Justement, je n'en sais rien ! Je suis très inquiète.
Harold entre et traverse la pièce. Mme Chasen paraît surprise de le voir aussi décontracté.	Un instant. (Elle couvre le téléphone.) Harold ! Où étais-tu ?
	Harold Je ne suis pas rentré cette nuit.
	Mme Chasen Je m'en suis aperçue. Je suis dans un état de nerfs épouvantable. Où as-tu passé la nuit ?
	Harold Maman, je vais me marier.
	Mme Chasen Qu'est-ce que tu dis ?
	Harold Je vais me marier.
Harold s'apprête à quitter la pièce.	**Mme Chasen** Ne quittez pas, Betty...Harold, reste ici ! Tu ne peux pas entrer, me dire une chose pareille et sortir. Si c'est sérieux...
	Harold C'est sérieux.
	Mme Chasen Dans ce cas, il faut que je sache. De qui s'agit-il ? Qui est-ce ? Non ! Ne me dis pas que... c'est l'actrice ?
	Harold Non.
	Mme Chasen Merci, mon Dieu. Alors, la blonde ou la petite brune ?
	Harold Ni l'une, ni l'autre.
	Mme Chasen Mais alors, qui ?
	Harold Tu ne la connais pas.
	Mme Chasen Comment est-elle ?
	Harold Très belle.
	Mme Chasen Où l'as-tu rencontrée, Harold ?
	Harold A l'église.

Mme Chasen Ah bon ! Le père Finnegan la connaît ?

Harold Oui, ils sont bons amis. Il faut que j'achète une alliance. Je vais faire ma demande ce soir.

Harold se dirige vers la porte.

Mme Chasen Harold, voyons ! On ne se lance pas tête baissée dans une aventure pareille. Quel est son milieu ? D'où vient sa famille ?

Harold D'Autriche. Une famille aristocratique.

Mme Chasen (impressionnée) Aristocratique ?

Harold C'est une comtesse, je crois.

Mme Chasen Une comtesse ? Une vraie ?

Harold Il faut absolument que j'y aille.

Mme Chasen Mais il faut que je fasse sa connaissance ! Où habite-t-elle ? Je dois me mettre en contact avec sa famille !

Harold (sortant) La dernière maison de la rue Waverly. Numéro 726.

Mme Chasen Harold ! Tu ne m'as pas dit son nom !

Harold Maude !

Mme Chasen Maude ? (Elle réfléchit.) Maude Chasen... Madame Harold Chasen... (Soudain, elle se rappelle le téléphone.) Betty ? Vous êtes là ? Il est arrivé une chose inimaginable ! Harold a trouvé une fiancée !

SCÈNE VI

La maison de Maude.

Les principaux meubles ont été emportés et la maison est vide, à l'exception d'une vieille malle et de quelques menus objets. Maude est en train

d'attacher quelques livres, en fredonnant, quand Bernard entre.	**Maude** Eh ! bonjour, inspecteur. Entrez donc. La bouilloire est sur le feu. Vous prendrez bien une tasse de thé ? **Bernard** Non, merci. **Maude** C'est du thé d'avoine. Je parie que vous n'en avez jamais bu. **Bernard** Sans façon. **Maude** Comme vous voudrez. Mais je ne comprends pas qu'on refuse une sensation inédite. **Bernard** J'arrive du tribunal. L'arrêté d'expulsion est signé. Vous avez vingt-quatre heures pour quitter cette maison. **Maude** C'est largement suffisant. Je serai partie bien avant. Pouvez-vous poser votre doigt ici, sur le nœud ? Je fais quelques paquets pour l'hôpital.
De mauvais gré, l'inspecteur accepte.	**Bernard** Vous trouvez sans doute que j'ai été dur avec vous... **Maude** Oh non, inspecteur, pensez-vous. **Bernard** Si, si. Mais vous comprenez, c'est mon travail. Il faut bien que quelqu'un empêche les gens comme vous de faire chavirer la barque. Je n'ai rien contre vous personnellement. Je tenais à vous le dire. **Maude** Je n'en ai jamais douté, inspecteur.
Maude finit d'attacher les livres.	Voilà, merci. On viendra les chercher de l'hôpital. A propos... j'aimerais vous laisser un petit souvenir de moi. Est-ce que ce tableau vous plaît ?
Maude découvre le grand nu qui la représente.	Il s'appelle « Nymphes et bergers assistant à une extase de sainte Thérèse ». **Bernard** (stupéfait) C'est vous qui ?... **Maude** Oui, c'est moi qui. **Bernard** Je vous remercie. **Maude** Alors, je l'enverrai au père Finnegan. Après tout, l'atmosphère est assez religieuse.

Maude le recouvre. Off, la bouilloire siffle.

Excusez-moi, mais ma bouilloire est sur le feu.

Bernard Au revoir, madame.

Maude Bonsoir, inspecteur. J'espère vous revoir.

Maude passe dans la cuisine. L'inspecteur sort. Mme Chasen, vêtue de ses plus beaux atours pour rencontrer la « comtesse », entre, tenant l'adresse de Maude à la main. Elle regarde autour d'elle, très étonnée. Elle arrête l'inspecteur qui s'en va.

Mme Chasen Pardon, monsieur, le 726 Waverly street, c'est ici ?

Bernard Madame, c'est la seule maison dans cette rue. Et croyez-moi, c'est assez d'une.

Bernard sort. Mme Chasen respire profondément et frappe à la porte.

Maude (off) Entrez !

Mme Chasen entre. Maude passe la tête par la porte de la cuisine.

Ah, bonjour, les livres sont là. Je suis en train de préparer le thé. Vous en prendrez une tasse avec moi ? Ce sera vite fait.

Maude redisparaît dans la cuisine.

Mme Chasen Madame, je...

Maude (off) Lait ou citron ? Oh, ça ne fait rien, j'apporte les deux.

Maude fredonne sa chanson dans la cuisine. Résignée, Mme Chasen regarde autour d'elle en attendant. Un instant plus tard, Maude entre avec un plateau. Parmi d'autres objets, une théière en argent.

Asseyez-vous. Tenez, sur cette malle.

Mme Chasen Excusez-moi. Je me suis sans doute trompée d'adresse.

Maude Ah ?

Mme Chasen Je cherche une jeune fille qui...

Maude Vous ne venez pas de l'hôpital ?

Mme Chasen Ah, non.

Maude (riant) C'est amusant. J'étais sûre que vous veniez de l'hôpital. Ils doivent envoyer quelqu'un pour prendre les livres que je leur donne.

Mme Chasen Ah, je vois. De temps en temps, moi-même, je quête pour eux. Pour le moment, je cherche une jeune fille qui en principe habite ici, mais...

Maude Je suis la seule à habiter ici et aujourd'hui j'ai quatre-vingts ans.

Mme Chasen Quatre-vingts ans ? C'est magnifique. Tous mes compliments.

Maude Merci. Et maintenant, le thé. Vous n'y coupez pas.

Maude s'assied et commence à verser. Mme Chasen ne peut plus s'en aller.

J'ai eu beaucoup à faire aujourd'hui, et je suis loin d'avoir fini. Comme vous voyez, je m'en vais. Tous est sens dessus dessous. Du sucre ?

Mme Chasen Non, merci, pas de sucre. Peut-être cette jeune fille va-t-elle s'installer ici ?

Maude Peut-être. Voilà. Voulez-vous un gâteau ?

Mme Chasen (qui s'assied avec la tasse) Non, merci.

Maude Ils sont aux figues et aux amandes. Je les fais moi-même.

Mme Chasen Dans ce cas, je ne peux pas refuser. J'en prendrai un.

Maude Je vous en prie.

Maude se verse une tasse de thé pour elle-même.

Mme Chasen Vous avez une théière ravissante.

Maude Elle vient de la famille de mon défunt mari. Elle vous plaît ?

Mme Chasen Énormément.

Maude Eh bien, je vous la donne.

Mme Chasen Vous me la donnez ?

Maude Cela me ferait un immense plaisir.

Mme Chasen Mais je ne peux pas accepter, je...

Maude Pourquoi non ? Je suis sûre que vous en prendrez grand soin.

Mme Chasen Oui, sans doute, mais laissez-moi au moins l'acheter, que...

Maude Jamais de la vie ! Elle est à vous.

Mme Chasen Puisque vous insistez. Merci infiniment. C'est tellement gentil de votre part.

Maude Ce n'est rien du tout. Un autre gâteau ?

Mme Chasen Je me laisse tenter. Ils sont vraiment délicieux.

Maude Prenez-en deux.

Mme Chasen Merci... Et ce thé ! Quel arôme !

Maude N'est-ce pas ? C'est du thé d'avoine.

Mme Chasen Du thé d'avoine ? Il faudra que j'en commande. Excusez-moi, je ne me suis pas présentée. Hélène Chasen.

Maude La mère d'Harold ?

Mme Chasen (surprise) Mais oui.

Maude Je suis heureuse de vous connaître. Harold m'a souvent parlé de vous.

Mme Chasen Vous êtes...

Maude La comtesse Mathilda Chardin.

Mme Chasen La comtesse...

Maude Oui. Un titre démodé, c'est vrai. Appelez-moi donc Maude.

Mme Chasen Maude...

Maude Oui, Hélène.

Mme Chasen Maude ?

Maude Oui ?

Mme Chasen (criant) Maude !

Maude Que se passe-t-il, Hélène ?

Mme Chasen (qui se remet) Vous connaissez mon fils ?

Maude Nous sommes de très bons amis. C'est un garçon exceptionnel. Intelligent, sensible. Je l'adore. Mais vous êtes au courant, bien sûr ?

Mme Chasen Oui...

Maude Qui est cette jeune fille que vous cherchiez ? Quelqu'un que vous aimeriez lui faire connaître ?

Mme Chasen Ce n'est pas tout à fait ça. Non.

Maude Il devrait sortir, rencontrer plus de gens. Qu'en pensez-vous ? Je sais que vous avez essayé l'ordinateur... (Elle rit.) Harold m'a raconté. Ce qu'il faudrait, c'est qu'il trouve lui-même quelqu'un.

Mme Chasen (dévisageant Maude) C'est bien ce qui me fait peur !

Maude Vous savez, tôt ou tard, l'oiseau quitte son nid.

Mme Chasen Vous m'avez bien dit que vous partiez ?

Maude Ce soir à minuit, je serai loin.

Mme Chasen Très loin ?

Maude Je présume.

Mme Chasen Il est donc inutile que je vous parle de...

Maude De quoi ?

Mme Chasen C'est assez délicat. Je ne sais comment dire, mais...

Maude Oui ?

Mme Chasen Harold vous a déjà parlé de... du mariage ?

Maude Non. Pourquoi ?

Mme Chasen C'est un garçon très impulsif. Quand il a une idée en tête, il... Que pensez-vous du mariage ?

Maude Cela peut être une belle aventure. Deux personnes qui n'en font qu'une... Vous avez été mariée, je ne vous apprends rien.

Mme Chasen Mais... Que pensez-vous d'une femme âgée qui épouserait un jeune homme ?

Maude Je n'y vois aucun mal, et vous ?

Mme Chasen C'est un peu vite dit.

Maude Et quand un homme âgé épouse une jeune femme ?

Mme Chasen C'est différent. C'est admis.

Maude Je comprends. Ce qui vous préoccupe, n'est-ce pas, c'est ce que les gens vont dire.

Mme Chasen Oui, enfin...

Maude Et il y a longtemps que cela vous tracasse ?

Mme Chasen Il y a de quoi. Une femme d'un certain âge...

Maude Qui a déjà été mariée ?

Mme Chasen Oui.

Maude Mais dont le mari est mort ?

Mme Chasen C'est ça.

Maude Et qui songe à se remarier avec un jeune homme ?

Mme Chasen Oui, je...

Maude Hélène, n'hésitez pas une seconde. Mariez-vous.

Mme Chasen Pardon ?

Maude Je sais bien que certains en feront des gorges chaudes. Mais si vous écoutez votre cœur, vous ne pouvez pas vous tromper.

Mme Chasen Non, non, vous ne comprenez pas.

Maude Je comprends très bien.

Mme Chasen Ce n'est pas de moi qu'il s'agit ! C'est d'Harold !

Maude Harold trouvera ça magnifique. Je lui en parlerai, si vous voulez.

Mme Chasen Mais non, mais non, vous ne...

Maude Je sens qu'il y a quelque chose qui vous préoccupe. Et vous aimeriez m'en parler.

Mme Chasen Oui.

Maude C'est la lune de miel, je parie.

Mme Chasen Quoi ?

Maude Ne vous faites aucun souci. Vous êtes encore très attirante. Je connais plus d'un pigeon qui viendrait roucouler sous votre aile.

Mme Chasen (se levant) Je m'en vais.

Maude (la raccompagnant) Moi aussi. En tout cas, ce fut une grande joie de vous connaître. Et croyez-moi, avec une très bonne respiration et un exercice approprié, vous pourrez très facilement lui tenir tête.

Mme Chasen Elle est folle !

Mme Chasen sort. Maude aperçoit la théière.

Maude Hélène ! Vous oubliez votre théière !

Lieux simultanés.

La scène se déroule à la fois dans la maison d'Harold, dans le bureau du psychiatre et à l'église. Les personnages vont apparaître aux quatre coins du théâtre, cernant en quelque sorte Harold qui se tient au milieu de la scène. Mme Chasen se trouve sur une hauteur, au premier plan jardin, le prêtre au centre de la salle et le docteur sur une hauteur symétrique à celle de Mme Chasen, au premier plan cour.

Mme Chasen Elle est folle ! Complètement folle ! Elle a quatre-vingts ans et elle veut épouser mon fils ! Mon père !

Le prêtre Chère madame.

Mme Chasen Docteur !

Le docteur Chère amie.

Mme Chasen Il veut épouser cette octogénaire. Je refuserai mon consentement.

Le prêtre En a-t-il vraiment besoin ?

Mme Chasen Alors, une mère n'a aucun droit ? Père Finnegan, vous connaissez Harold ? Ah ! je suffoque.

Le prêtre Un charmant garçon. Très pieux. Je le vois souvent aux enterrements.

Mme Chasen Oui, eh bien, il veut se marier.

Le prêtre Il veut se marier ? Excellente nouvelle ! Est-ce que je connais la fiancée ?

Mme Chasen Il paraît, mon père, que vous la connaissez. C'est la comtesse...

Le prêtre La comtesse...

Mme Chasen Oui, Maude.

Le prêtre Sainte mère de Dieu !

Harold s'avance au centre de la scène.

Le docteur Harold, votre mère est littéralement bouleversée.

Mme Chasen (parlant d'un autre coin de la scène) Bouleversée ! Je suis au bord d'une dépression géante !

Le docteur Harold, êtes-vous sûr que ce projet de fiançailles n'est pas une autre forme de votre juvénile révolte ? Après tout, vous avez reconnu que tous ces suicides n'étaient qu'une espèce de mise en scène pour attirer sur vous l'attention.

Harold Peut-être... Mais ce n'est plus le cas. Tout mon matériel, je vais le jeter. Ma mère sera contente.

Mme Chasen Elle sera au comble du bonheur !

Le docteur Hélène ! Du point de vue freudien...

Mme Chasen Du point de vue freudien, il renonce au suicide pour succomber aux charmes de la sénilité. Qu'est-ce qu'une mère pourrait souhaiter de mieux ?

Le prêtre Allons, allons. Chère madame.

Mme Chasen Eh bien, dites quelque chose ! (Au prêtre.) Vous, arrêtez-le !

Le prêtre Harold, votre mère est très inquiète.

Harold Je suis désolé de l'apprendre.

Mme Chasen (rejoignant Harold et le docteur) Mais alors pourquoi ? Pourquoi ? Qu'est-ce qui t'arrive ?

Harold L'amour.

Mme Chasen Quoi ?

Harold L'amour. Je suis amoureux.

Mme Chasen L'amour, ce n'est pas ça, l'amour ! Non et non. C'est de la perversité. C'est encore ton goût morbide pour les antiquités.

Le prêtre C'est le complexe d'Œdipe, madame. (Au docteur.) Vous devriez savoir ça, vous !

Mme Chasen Dites-lui, docteur. Mais dites-lui que cette femme est assez vieille pour être sa mère ! Seigneur Dieu, elle est assez vieille pour être ma mère !

Le docteur Vous allez vous rendre malade, Hélène.

Mme Chasen (le coupant) Mais, mon père, raisonnez-le. Il faut l'en empêcher.

Le prêtre Harold.

Mme Chasen Parlez-lui du scandale dans les journaux. De nos amis. De la paroisse. De tout ce que vous voudrez.

Le prêtre Harold !

Harold Mon père.

Le prêtre Harold, l'Église ne s'oppose absolument pas à une union entre jeune et vieux. Chaque âge a sa beauté. Mais une union conjugale a un but bien défini, la procréation. (Réaction ironique du psychiatre.) Je manquerais à mon devoir si je ne vous disais pas que l'idée de... l'idée de votre jeune et ferme, de votre corps jeune et ferme, se pressant contre des... saisissant les... s'approchant de... je crois que dans... Honnêtement et franchement... je crois que je vais me trouver mal.

Le docteur Vous ne vous sentez pas bien, mon père ? Vous avez l'air un peu congestionné.

Le prêtre Je vais très bien... Ça va passer...

Le prêtre s'éloigne, suivi du docteur.

Mme Chasen Harold, mon fils.

Harold Ma mère.

Mme Chasen Comment peux-tu me faire ça ?

Harold Il faut que je m'en aille.

Mme Chasen Tu détruis ta vie.

Harold Je ne crois pas.

Mme Chasen Pense à ce que les gens vont dire.

Harold Je me fiche de ce que les gens vont dire.

Mme Chasen Évidemment, tu t'en fiches ! Ce n'est pas toi qui auras une princesse de quatre-vingts ans comme belle-fille ! Où vas-tu ?

Harold Je sors.

Mme Chasen Mais où vas-tu ?

Harold Épouser la femme que j'aime.

Noir.

SCÈNE VIII

La maison de Maude.

Le décor est dans l'obscurité complète. Nous entendons les voix de Maude et d'Harold.

Maude Je peux entrer maintenant ?

Harold Oui.

Maude (entrant) Je n'y vois rien.

Harold Attention à ne pas trébucher.

Maude Trébucher ? Sur quoi ? Cet après-midi, la pièce était vide. (Elle rit.) Qu'avez-vous fait pendant que j'étais sortie ?

Harold Et tac !

Harold allume tout à coup et la pièce est illuminée par une centaine d'ampoules multicolores accrochées tout autour de la pièce et de la fenêtre. Sur le mur du fond est tendue une grande banderole qui porte ces mots : HEUREUX ANNIVERSAIRE. Des lanternes japonaises sont suspendues à la cheminée. Un grand vase est rempli de tournesols. Au milieu de la pièce, un vieux fauteuil et un tabouret sont disposés de part et d'autre du coffre, qui sert de table. Le couvert est dressé pour deux. Dans un vase en argent, une grande fleur pourpre.

Maude (transportée) C'est époustouflant ! Où avez-vous trouvé le temps ?

Harold Ce fut un peu plus long que je ne pensais. J'espérais que ce serait prêt pour le dîner. Et c'est prêt pour le souper.

Maude Une rude journée pour tous les deux. Je n'ai pas pu me débarrasser de tout. Vous terminerez demain.

Harold J'ai une autre surprise pour vous ce soir. Une surprise qui nous occupera demain, j'espère.

Maude J'adore les surprises, pas vous ? Elles me donnent l'impression d'être... une bulle... Des tournesols ! Où avez-vous trouvé des tournesols ?

Harold Je les ai fabriqués.

Maude Ils sont très beaux.

Harold Mais celle-ci est une vraie fleur. Que je vous offre.

Harold prend le vase.

Un individu, un cas unique. Vous vous rappelez ?

Maude Inoubliable.

Harold Et maintenant, pour fêter ce beau jour...

Harold se met à ouvrir une bouteille de champagne, qu'il avait dissimulée.

Maude Du champagne ?

Harold Pas de danger. C'est un produit naturel.

Maude Tout ceci est une merveille. On dirait qu'un soleil de feux d'artifices a explosé dans cette maison.

Harold Attention !

Harold ouvre la bouteille et verse le champagne.

Nous buvons à quoi ?

	Maude A vous de le dire.
	Harold A vous, Maude. Hier...
Harold donne la fleur à Maude.	Aujourd'hui... (Il heurte son verre.) Et demain.
Harold prend un écrin dans sa poche et le place discrètement sur la table.	
	Maude Très joli toast pour un anniversaire. (Ils boivent.) Fera-t-on de vous un poète ?
	Harold (riant) C'est vous qui auriez dû l'être.
	Maude Moi ? Un poète ? (Elle rit et ils s'asseyent.) Une astronaute, oui.
	Harold Une quoi ?
	Maude Une astronaute. Mais à titre privé. Comme les hommes qui s'embarquèrent avec Magellan. Pour voir si c'est vrai qu'on tombe, au bout du monde.
Maude trace un cercle dans l'air avec sa main.	Ce serait tellement drôle, si comme eux je revenais à mon point de départ.
	Harold On chante quelque chose ?
	Maude Oui. Attendez, j'y pense...
Maude se dirige vers une boîte.	**Harold** Ce n'est pas la peine. J'ai mon banjo. (Il le prend.) J'ai beaucoup travaillé. Prête ?
Harold joue le premier couplet de *La chanson de Maude*, avec quelques hésitations, quelques erreurs. Au second couplet, Maude se lève pour chanter et danser. Harold chante avec elle pour le refrain final, qui est brillant.	
	Maude Stupéfiant ! Vous avez un vrai sens de la musique. Ne le perdez pas.
Maude tend une boîte à Harold.	Tenez.
	Harold C'est quoi ?
	Maude Un signe de mon affection.

Harold Merci. Qu'est-ce que c'est ?

Maude Ouvrez-le... et transmettez-le.

Harold D'accord. Mais tenez...

Harold tend l'écrin à Maude.

Ouvrez d'abord le mien.

Maude Encore une surprise ? Vous n'auriez pas dû.

Harold C'est une bague. Sans grande valeur, mais... (non sans émotion) qui vous rendra heureuse, j'espère.

Maude Je suis heureuse. On ne peut plus heureuse. Je ne pouvais imaginer plus tendre adieu.

Harold Adieu ?

Maude Eh oui. J'ai quatre-vingts ans.

Harold Mais vous ne partez pas !

Maude Si. Il y a plus d'une heure, j'ai pris ce qu'il fallait. A minuit, je devrais être loin.

Harold Quoi ? Mais... Mais c'est...

Maude sourit à Harold.

Où est le téléphone ? Vite !

Maude Non, Harold !

Harold se précipite partout dans la pièce à la recherche du téléphone.

Harold Le téléphone ? Où est le téléphone ?

Maude Le téléphone ! Mais vous êtes fou !

Harold, ayant trouvé l'appareil dans un coin de la pièce, compose un numéro à toute allure.

Il servait de perchoir aux oiseaux.

Harold L'hôpital ?... C'est un accident. Une trop forte dose de somnifères. Une ambulance, vite... 726, rue Waverly... C'est ça... Dépêchez-vous ! C'est une question de vie ou de mort !

Harold raccroche.

Maude Harold, vraiment...

Harold Ne bougez pas. Ils seront ici dans trois minutes.

	Maude Venez, souriez-moi.
	Harold Je vous en supplie...
Harold s'agenouille auprès de Maude.	Ne mourez pas. Je ne pourrais pas le supporter.
	Maude Nous commençons à mourir dès notre naissance. La mort n'a rien d'étrange. Rien de surprenant. Non, Harold, je ne pars pas, j'arrive.
	Harold Mais pourquoi ce soir ?
	Maude J'ai choisi la date il y a très longtemps. Quatre-vingts ans, c'est un bon chiffre.
	Harold Maude...
	Maude Il faut avoir confiance, c'est tout. Confiance... (Elle rit doucement.) La tête me tourne un peu.
	Harold Vous ne comprenez pas. Vous êtes tout pour moi. Je n'ai jamais dit ça à personne avant vous. Vous êtes la première. Ne me quittez pas.
	Maude Chut...
	Harold Je ne peux pas vivre sans vous. C'est vrai.
Déjà assoupie, Maude caresse la tête d'Harold.	**Maude** Et cela aussi passera...
	Harold Jamais ! Je ne vous oublierai jamais !
	Maude C'était une soirée très agréable, Harold. Je vous remercie pour tout.
Maude ferme les yeux.	**Harold** (à ses genoux) Non, vous ne comprenez pas. Je vous aime... Je vous aime...
Maude sourit à Harold pour la dernière fois.	**Maude** C'est merveilleux, Harold. Aime encore. Et encore. Aime.
Maude meurt.	**Harold** Maude ?... Maude ?...
Le son d'une sirène d'ambulance s'approche dans le lointain. Harold l'entend, de plus en plus fort.	Oh, Maude...

La tête d'Harold tombe sur les genoux de Maude. Il se met à pleurer. Le son de la sirène grandit, tandis que les lumières baissent dans la maison. Harold se lève et, reculant légèrement, s'estompe dans l'ombre. Une faible lumière l'isole. Maude, qui était restée immobile après sa mort, se lève lentement. A pas très lents, dans une lumière irréelle, elle disparaît. Harold à présent est seul. Les lumières matinales réapparaissent. Maude n'est plus là mais les restes de la soirée sont comme nous les avons laissés. Très calme, Harold laisse tomber sa veste et regarde autour de lui. Il va vers le gâteau, vers le champagne et prend un verre. Mais l'émotion devient trop forte. Elle finit par exploser. Jetant le verre, il retourne la table, renverse les tournesols et, avec un cri de chagrin, il arrache la banderole du mur. Il s'arrête en voyant l'écrin. Le prenant dans sa main, il commence à pleurer.

Maude... Oh, Maude...

Les larmes coulent le long des joues d'Harold. Il s'effondre sur les coussins et, sanglotant comme un enfant perdu, il enfouit son visage dans ses bras. Le soleil levant vient le toucher. Il regarde autour de lui, ramasse son banjo, puis décide de le laisser sur place. Prenant sa veste, il s'apprête à sortir quand il voit le cadeau de Maude. Il s'assied, ouvre la boîte et y trouve le gong chinois qui se trouvait sur le piano. Il frappe le gong. Soudain, venant de nulle part, on entend au piano l'air favori de Maude. Harold n'en croit pas ses oreilles. La musique s'arrête, puis recommence, jouant les notes d'ouverture comme une manière d'invitation. Puis elle s'arrête. Harold saisit son banjo et joue les mêmes notes. Le piano répond. Harold sourit, joue l'introduction. Le piano se joint à lui. Ensemble, ils jouent en accord parfait, avec virtuosité, avec joie, et Harold s'en va lentement, accompagné par la musique...

À LA SCÈNE ET À

'ÉCRAN

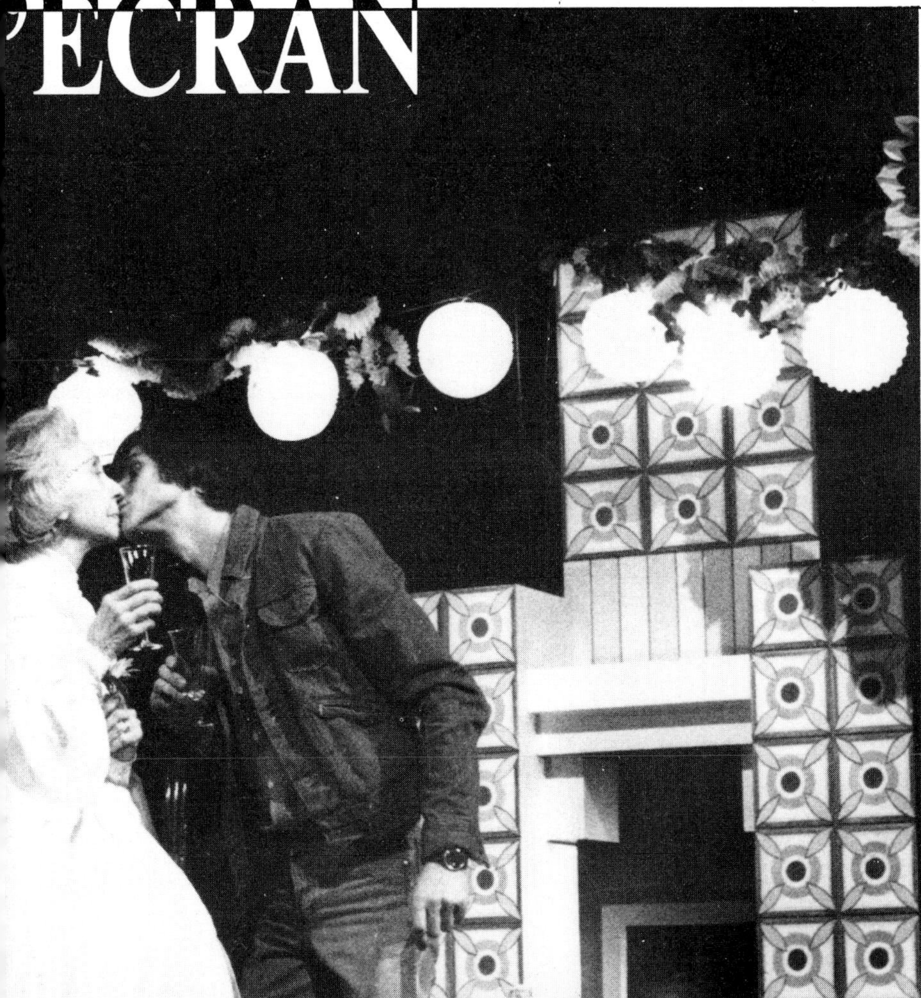

Quelle est l'idée fondamentale de votre adaptation ?

Il faut que je me replonge une bonne dizaine d'années en arrière. J'avais toujours pensé qu'il était possible d'adapter un film en pièce de théâtre. J'ai vu *Harold et Maude* au cinéma avec Micheline Rozan ; elle eut une idée-choc : Madeleine Renaud en Maude. J'ai trouvé cette idée très brillante et nous avons pensé à tirer une pièce du film.

Avez-vous rencontré Colin Higgins, l'auteur du scénario du film ?

Oui. Il connaissait très bien son sujet, puisqu'il avait écrit un scénario et ensuite un roman inspiré du scénario. Nous avons parlé ensemble de la possibilité d'en tirer une pièce. Cela nous a paru tout à fait faisable malgré l'apparente diversité des décors du film.

La pièce, destinée au public français, reste américaine. Pourquoi ?

Il y a toujours, dans une écriture dramatique, quelque chose qui appartient profondément à un pays et qu'on ne peut pas transposer sous peine de perdre l'essentiel : l'aspect suicidaire, les rapports de Maude avec le jeune homme, la place tenue par le psychiatre étaient typiquement américains.
J'ai trouvé aussi que cela convenait à l'époque : c'était la fin des années soixante, il y avait quelque chose de « hippy » là-dedans, et on en était très conscient. On ne voulait pas tomber dans la mode, mais utiliser quand même ce que le « flower power* » avait lancé. Il y avait dans ce mouvement le même amour de la nature et ce panthéisme qui était à peine marqué dans le film. Mais il y avait aussi un appel vers l'Orient, et j'ai développé cet aspect, qui allait dans le sens de mes préoccupations personnelles, en faisant référence au Bouddha et à ses paraboles.
Tout cela était très américain, beaucoup plus américain que français, et c'est pourquoi il fallait laisser la pièce en

**En octobre 1966, le premier rassemblement hippy sous le signe de l'amour avait la fleur pour emblème.*

Amérique. Et il fallait garder cette histoire d'amour, avec la part de scandale qu'elle comporte, avec des changements de rythme et de dialogue.
De toute manière, quand le rideau s'ouvre et qu'on voit un jeune homme pendu, qu'il soit français ou américain n'a aucune importance, on sait très bien ce que cela veut dire.

Ce contexte étranger vous semble-t-il utile sur le plan dramatique ?

La projection dans un autre pays contribue à ce que l'on appelle « la distanciation », pour prendre le terme brechtien ; on ne s'en rend pas compte, c'est inconscient : la petite distance, indispensable dans certains cas à un bon contact avec le public, était tout naturellement donnée par le fait que les personnages n'étaient pas français.

Comment êtes-vous passé des séquences du film au découpage en actes et en scènes ?

Il faut bien sûr réunir plusieurs scènes entre elles et condenser, resserrer, tout en développant d'autres scènes. Le nombre des répliques n'est pas le même au théâtre, c'est tout à fait autre chose.
Il y a une tentative de suicide qui a totalement disparu, celle de la piscine. Par contre, on a gardé la scène de la comédienne, très grande scène de théâtre, celle de la main coupée, celle de la pendaison.
On tend toujours à la concentration, en recherchant ce qui est spécifique au théâtre. C'est pourquoi la pièce est plus intense, plus resserrée sur moins de personnages. Tout en recherchant cette concentration, j'avais imaginé la mise en scène qui était très simple, très visuelle, avec un décor à transformation qui s'avançait, qui se reculait... C'était le décor central représentant la chambre de Maude. Ensuite, Colin Higgins a écrit la pièce en anglais, moi en français, à partir de cette structure.

Avez-vous rencontré, pour l'adaptation du film à la scène, des difficultés d'ordre technique ?

En réalité, dès qu'on renonce à un théâtre de décors, dès qu'on se rattache davantage à une vision plus élisabéthaine d'un lieu théâtral multiple et « changeable » plutôt qu'à des décors construits, on se rend compte que pratiquement tout peut s'adapter. Et *Harold et Maude* aussi bien que n'importe quel autre film. Même s'il y a des cavalcades ou des westerns, on peut tout suggérer au théâtre. Par exemple, il est évident qu'on ne peut pas avoir d'automobile ou de moto sur scène comme dans le film. Par conséquent, on a remplacé la voiture par un simple bruit qui faisait le tour du théâtre. L'illusion était complète.

Le « message ». Sur quoi avez-vous mis l'accent ?

Il y a deux grands thèmes : le thème de l'amour et le thème de l'acceptation du monde.
Ce dernier thème est fondamental. C'est la grande leçon, une leçon archi-ancienne, pas un message au sens particulier du mot. C'est une philosophie qu'on pourrait appeler « rabelaisienne », très souriante. Des choses très importantes sont dites, mais du bout des lèvres, sans avoir l'air d'y toucher. Et ce message passe d'autant mieux qu'il est dit avec moins de didactisme. Maude est en accord avec le monde, avec la vie, avec la mort. Et elle transmet cela à un jeune homme qui, lui, est mal à l'aise dans un univers auquel il a l'impression de ne pas être adapté. Elle se suicide à la fin pour « passer le flambeau » à Harold, avec qui elle a vécu une histoire d'amour. C'est très important, et, dans la pièce, nous avons accentué cette histoire d'amour déjà présente dans le film.
Mais Maude donne surtout une leçon de sagesse simple. Ce n'est pas une intellectuelle. Elle a un rapport très direct avec les choses de la vie, avec les gens, les animaux, les plantes. Elle est faite pour ce monde, et donc faite pour le quitter. Elle accepte la mort ; elle se suicide à la date fixée. Tout cela était déjà dans le film, mais c'est forcément plus concentré dans la pièce.

Maude et Madame Chasen.

Les personnages principaux évoluent-ils différemment ?

Le personnage d'Harold est semblable à celui du film. Son chemin est peut-être mieux établi dans la pièce. C'est à lui qu'il arrive quelque chose, c'est lui qui change. Le personnage de Maude, lui, ne change pas. Simplement, au fil de la pièce, elle perd de son excentricité pour atteindre plus de vérité et de chaleur. L'effort a été porté sur la transformation de ce jeune homme suicidaire (ou faussement suicidaire) ; alors qu'il passait son temps à inventer des suicides, il part, à la fin, serein, sûr de lui après la mort de la vieille dame.

Vous avez supprimé des personnages secondaires : dans quelle intention ?

Il nous a semblé que, dans le film, il y avait un certain nombre de scènes avec des personnages plus ou moins bien réussis, en particulier dans l'entourage familier d'Harold. Nous en avons supprimé un qui est très important dans le film, c'est l'oncle général. Il nous paraissait outré, presque caricatural. Et son absence ne s'est à aucun moment fait sentir, au point que même Colin Higgins disait que, s'il devait refaire le scénario, il arriverait probablement à le supprimer.

La personnalité des comédiens vous a-t-elle influencé ?

Oui, car nécessairement une pièce appartient davantage aux acteurs qu'un film. Le film est souvent l'œuvre d'un metteur en scène, il donne des images-choc. En l'amenant sur une scène, on « focalise », on centre l'action directement sur les comédiens. La pièce est entre leurs mains, dans leur bouche, dans leur cœur. De ce point de vue-là, la pièce passait mieux au théâtre qu'au cinéma. C'était très intense. La différence tenait aussi, justement, à la personnalité des comédiens. Ruth Gordon (Maude dans le film) n'avait pas la tendresse, la chaleur presque sensuelle de Madeleine Renaud. Elle était plus bizarre, et davantage dans la tradition des vieilles excentriques.

Et l'interprétation de Madeleine Renaud ?

Nous avons travaillé étroitement ensemble, même en ce qui concerne le texte ; et quelques petits changements ont été faits en fonction d'elle. Elle est rentrée avec brio dans le personnage, et avec un tel naturel, que cela devenait lumineux ; je veux dire qu'elle portait la pièce. Le succès était en grande partie dû à elle, car elle correspondait merveilleusement au personnage, y compris pour ses exploits physiques : grimper à l'arbre, faire des exercices de gymnastique. « Oui, a-t-elle dit, je peux le faire. » Elle avait un côté spectaculaire au meilleur sens du terme, à savoir qu'elle captait l'attention du public avec une force qui, je crois, n'a pas d'égal. Elle a un tout petit filet de voix, mais Peter Brook dit souvent d'elle qu'elle a la meilleure diction du monde. Sa façon d'articuler et de porter le texte est assez étonnante.

La fin de la pièce est différente de celle du film. Pourquoi ?

La grande différence, si elle existe, n'est pas intellectuelle. La fin de la pièce est plus poétique et la chanson de Guy Béart y est pour beaucoup. Elle « colle » admirablement à la pièce. Même les paroles : « Je voudrais changer les couleurs du temps », ajoutent quelque chose.
La dernière « image » est très importante. Harold s'en va en chantant avec sa guitare, et cette image change évidemment la leçon reçue. Elle en fait quelque chose de plus théâtral, mais aussi de plus ouvert, et donne une impression de liberté et de vagabondage. En réalité, c'est presque une fin « chaplinesque », comme la fin des *Lumières de la ville.* En outre, Harold se dirige vers le public, et sort en passant à travers la salle. Il retrouve ainsi le contact avec ses semblables qu'il avait perdu au début de la pièce.
Maude s'en va de dos et Harold arrive de face. On sent quelque chose, l'inconscient du spectateur intervient. Lorsque Maude se lève et s'en va, on comprend qu'elle est à la fois morte et vivante... C'est une idée qui est venue à Jean-Louis Barrault au cours des répétitions. Ce sont des subtilités de mise en scène dont on ne parle jamais, mais qui, en réalité, sont très importantes.

Quelle importance avez-vous accordée au texte et à la qualité des dialogues ?

Une phrase bien frappée, un acteur la dit mieux. Un texte dramatique doit être conçu un peu comme une partition musicale. Au cinéma, le dialogue est très encombrant, et on a tendance trop souvent à le réduire. J'ai conçu pour la pièce de vraies grandes scènes de dialogue, la scène de la forêt par exemple, dont on pouvait jouir pleinement.

Au-delà d' Harold et Maude, *quelle est pour vous la différence entre l'écriture d'un texte dramatique et la conception d'un scénario ?*

Il y a une spécificité du cinéma. Le cinéma est un art réaliste, un art de pure représentation où il faut tout montrer. L'imagination du spectateur est en quelque sorte paralysée, envahie par l'écran.
Le théâtre est tout à fait différent. Sans participation de l'imagination du public, il n'y a pas de bonne représentation théâtrale. On ne peut pas imposer un spectacle au public. Alors, par suite du peu de moyens dont on dispose par rapport au cinéma, des contraintes que constitue la scène, on est obligé de faire appel à tout autre chose : le jeu théâtral et la communication avec l'inconscient du spectateur. Voilà toute la démarche. Ce sont des choses très complexes.

THÉÂTRE RÉCAMIER

Mise en scène de Jean-Louis Barrault
Éléments scéniques de Pace
Chanson de Maude de Guy Béart
Arrangements musicaux de Serge Franklin
Costumes d'Yves Saint-Laurent et Pierre Cardin
Création le 5 novembre 1973

Personnages et interprètes :
(par ordre d'entrée en scène)

Harold .... Daniel Rivière
Madame Chasen .... Philippine Pascale
Marie .... Juliette Brac
Le docteur Mathews .... Yves Gasc
Maude .... Madeleine Renaud
Le prêtre .... Guy Michel
Le jardinier .... Jean-Pierre Granval
Le jardinier-chef .... Claude Beauthéac
Sylvie Gazelle .... Catherine Allary
L'inspecteur Bernard ...... Dominique Santarelli
Le sergent Doppel .... Jean Hébert
Nancy Marsch .... Catherine Eckerlé
Rose d'Orange .... Micheline Kahn

*Quelle a été votre ligne directrice pour la mise en scène d'*Harold et Maude *?*

En général, il faut qu'une mise en scène soit du « cousu main » et qu'elle ne se fasse pas sentir. On doit servir l'auteur, ses intentions, mettre en valeur les personnages et les acteurs qui les interprètent. C'est un travail de serviteur et d'entraîneur. On est à côté de ses camarades pour leur faire atteindre le maximum d'eux-mêmes.

Votre mise en scène est rapide et très rythmée. Pourquoi ?

Dans le déroulement d'une œuvre, ce qui me paraît très important, c'est son rythme. C'est par le rythme que tout passe. C'est ce que nous avons de commun avec la musique. Une représentation théâtrale est fondée sur le rythme, et c'est lui le tremplin de la pénétration charnelle.

Dans *Harold et Maude*, il y a des touches, c'est-à-dire que les différents personnages font des apparitions rapides et simultanées ; ils sont pris dans des spots lumineux, sur la scène et sur deux escaliers situés de part et d'autre du plateau. Il y a aussi alternance entre des scènes franchement comiques et d'autres qui se déroulent dans une atmosphère de rêve baroque. Il faut unifier tout cela par le rythme.

Quel est le message de la pièce à travers ses protagonistes ?

C'est un hymne à la vie.

Harold et Maude nous présente deux personnages. Ce qui les unit, c'est le fait que ce sont deux enfants. Il y en a un qui a quatre-vingts ans tandis que l'autre est en train de sortir de l'enfance, mais il est déjà abîmé. Harold a une pulsion de mort et il a vingt ans, alors que Maude, cette vieille femme, est la représentation de la vie. Comment cela ? Cet enfant a reçu une mauvaise éducation bourgeoise : il en est résulté cette pulsion de mort. Il a reçu une « éducation-couvercle » pour laquelle sa mère s'est entourée de médecins, de psychologues... comme si son fils était un aliéné. Au lieu de lui donner une « éducation-corolle » qui le mènerait vers la plénitude de lui-même.

Et Maude ?

Maude, au contraire, est une vieille femme qui, grâce à toutes les épreuves qu'elle a subies, qu'elle a surmontées, a appris l'art de vivre. Ce qui me séduit dans cette pièce, c'est justement la vie, le goût de la vie sécrété par Maude. Pour elle, toute expérience est d'abord un sujet de curiosité, une aventure qu'il faut traverser avec l'enthousiasme et l'inlassable curiosité des pionniers. Même la mort, ainsi, n'est pas à craindre : encore une expérience dans le cycle naturel du bonheur d'être au monde.

Quel est l'instant le plus touchant ?

Ce qui est touchant dans ce sujet, c'est lorsque cette vieille femme enfante le jeune homme une seconde fois en lui redonnant le goût de vivre. Maude, depuis toujours, adore la vie, et c'est pour ne pas s'exposer à mener une existence éventuellement diminuée qu'elle a, de longue date, résolu de s'en aller le jour de ses quatre-vingts ans. En choisissant pour de bon la mort, elle lègue à Harold un fantastique amour de la vie. Et quand elle meurt, il part avec sa guitare, il vient d'hériter de cette femme, tout se termine par un hymne à la vie.
C'est cela qui est le plus profond et le plus enthousiasmant dans *Harold et Maude.*

Dans votre mise en scène, les acteurs jouent non seulement sur le plateau, mais aussi dans la salle. Pourquoi ?

Cela permet un contact étroit avec le public, c'est ce que j'appelle « secouer le panier ». L'architecture du théâtre doit se prêter à ce contact. A Bordeaux où fut créée la pièce, j'avais visité plusieurs endroits et j'ai jeté mon dévolu sur les Entrepôts Lainé, parce que cela permettait de jouer sur deux ou trois côtés. C'est un gigantesque édifice dans le goût des fantastiques prisons de Piranèse, qui date de 1820. La pièce a été ensuite jouée au Théâtre Récamier, puis au Théâtre d'Orsay.

Comment ont été conçus les costumes ?

Les costumes ont été dessinés par Yves Saint-Laurent et Pierre Cardin. Maude dispose de plusieurs vêtements évoquant les divers aspects de sa personnalité : toute petite sous son chapeau de chaisière intrépide, menue sous sa capeline à fleurs de promeneuse émerveillée, exotique dans son kimono de rêveuse qui valse avec ses souvenirs, attendrissante dans son vieux peignoir d'exilée, déjà transfigurée quand elle apparaît enfin parmi ses voiles blancs, à la veille du grand voyage ; elle est chaque fois diverse, inattendue, habitée avec une force douce par ce personnage poétique auquel elle s'est donnée tout entière.

Et les décors ?

Les décors, très simples, sont de Pace. L'intérieur de Madame Chasen est à peine évoqué, il n'y a presque rien. Tandis que dans la roulotte de Maude, il y a une profusion d'objets qu'elle a rassemblés, au rythme de sa vie — elle les appelle des « memorabilia ». Il s'agit de nombreux objets inutiles, accessoires amusants, cotillons, toiles, tournesols en papier...

Vous utilisez des diapositives pour les scènes dans la nature, un bruitage, une musique. Pourquoi ?

Tout est permis au théâtre. Ce n'est pas parce qu'on est au théâtre que cela ne ressemble pas au cinéma !
L'arbre, par exemple, qui se trouve au milieu des spectateurs, ce n'est rien du tout : on met un arbre, on monte dessus et on voit la mer ! Quant à la chanson *Les couleurs du temps*, notre ami Guy Béart était en train de la composer lorsque nous montions la pièce, et il l'a faite pour elle. Elle convient parfaitement, et je crois qu'elle a beaucoup apporté à l'atmosphère de la pièce.

Comment le rôle de Maude a-t-il été interprété par Madeleine Renaud ?

Nous avions vu le film, et je trouvais que ce personnage de Maude convenait parfaitement à Madeleine Renaud. C'était du « sur mesure » !

Entre Madeleine Renaud et Maude, il y avait à la fois osmose et homonymie ! Madeleine Renaud se coulait dans Maude sans effort. Le talent de l'une servait exactement la joie de vivre de l'autre. On finissait par avoir pour elle les yeux éblouis de Harold !

Que peut-on dire du personnage de Harold et de ses rapports avec la mort ?

Harold est un petit vieillard de vingt ans, fils d'une bourgeoise superficielle, mère dominatrice et égocentrique, qui ne le comprend pas. Il passe son temps à assister à des enterrements et à des démolitions d'immeubles, et surtout à simuler des tentatives de suicide pour effrayer sa mère, au moyen de mille accessoires empruntés au magasin de farces et attrapes. Ses farces macabres sont sa manière de protester contre cette mère qui ne songe qu'à se débarrasser de lui par les soins du psychiatre ou en lui proposant d'éventuelles fiancées choisies par ordinateur.

Ces faux suicides n'ont-ils pas une autre signification ?

Si, ces faux suicides sont spectaculaires et un peu inquiétants, ils relèvent pourtant moins de la morbidité que du cabotinage, ce que décèle rapidement l'une des « fiancées » particulièrement cabotine elle-même. Harold est clair, sans cruauté, et on voit tout de suite que c'est un excellent cœur, qu'il n'a rien d'inquiétant en lui. On imagine qu'il s'en faudrait d'un rien pour qu'il soit le meilleur fils du monde. Simplement, il réagit maladroitement contre son milieu en inventant les manières les plus choquantes de l'agresser.
Sa rencontre avec Maude lui révélera la liberté. Son regard fixe, son masque inquiet, deviendront sourires. La morosité fera place à l'enthousiasme.

Comment avez-vous conçu Madame Chasen et les personnages qui l'entourent ?

Tous représentent ce qui est apparemment séduisant... et qui ne « tient » pas. Ils étaient tous remarquablement interprétés, en particulier Madame Chasen dont le rôle était tenu par Philippine Pascal. Elle était d'une drôlerie tout à fait convaincante dans ce personnage de femme d'affaires toujours surexcitée et snob, mère abusive et au total odieuse, qui est dépassée par les événements.

Tous les personnages qui gravitent autour d'elle sont des adultes ; or un adulte, cela n'a aucun intérêt, c'est « une langouste vide » ! Ce sont des figurants fantoches sortis d'*Alice au pays des merveilles*, clergyman lunaire, docteur mondain, jeunes filles à marier, qui apportent un contrepoint burlesque au thème sentimental.

Ce comportement adulte est donc la cause de leur échec avec Harold, c'est ce qui les oppose à Maude.

Maude est l'enfant qui meurt enfant. Elle a vaincu toute une existence pour sauvegarder son enfance, et c'est cette enfance qu'elle transmet à Harold, alors que tous ceux qui l'entourent ont essayé de faire de lui un adulte.

Comment évolue votre spectacle ?

Au fur et à mesure que l'action progresse, il y a de moins en moins oscillation entre les scènes où vit le petit monde de Madame Chasen et les scènes où Harold fait connaissance avec l'univers merveilleux, purifié et utopique de Maude.
Les scènes entre Harold et Maude ont de plus en plus d'importance, car Maude mène le jeu : elle grandit, semble remonter la pièce à contre-courant, l'infléchit là où elle refuse finalement d'aller. C'est elle qui triomphe, au-delà de la mort.
Maude refuse une issue qui eût été ridicule : le mariage proposé par Harold ; elle lui délègue en revanche son fantastique amour de la vie, tout en mettant le point final avec une suprême élégance.

Comment votre mise en scène traduit-elle le message final de Maude ?

La manière de communiquer son message a plus d'importance que ses paroles mêmes. La voix de Madeleine Renaud, musique fragile faite pour retourner au silence (le silence habité), efface les traits grossiers, les banalités. On la croit : comme Harold, on la suit, jusque dans cette nuit bleutée où elle disparaît, après s'être donné la mort. Et lorsque Harold frappe sur le gong qu'elle lui a offert, lorsqu'un mystérieux piano joue cette chanson qu'elle lui a apprise, nul ne doute de la présence invisible de Maude.

LE FILM DE AL ASHBY

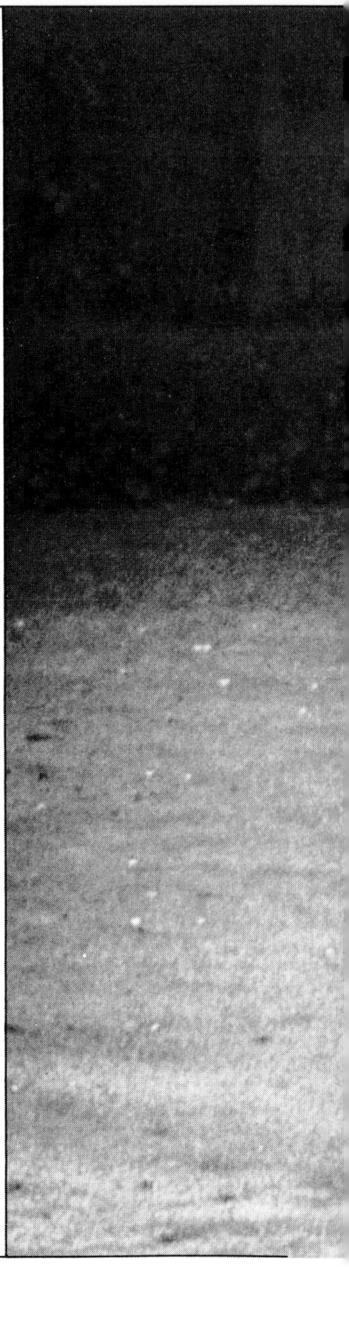

d'après l'œuvre de Colin Higgins
Images de John Alonzo
Musique de Cat Stevens

Personnages et interprètes :

Maude	Ruth Gordon
Harold	Bud Cort
Mrs Chasen	Vivian Pickies
L'oncle Victor	Charles Tyner
Glaucus, le sculpteur	Cyril Cusak
Le psychiatre	Georges Wood
Les prétendantes :	
Sunshine	Ellen Geer
Candy	Judy Engles
Edith	Shary Summers

GASOLINE

La provocation d'Harold, sous le signe de la plaisanterie, face à l'éducation directive de sa mère, totalement dépourvue de chaleur et d'humour.

Maude a le culte de la vie et de la nature. Avec Harold, elle est allée replanter dans la forêt un arbuste qui s'anémiait sur le trottoir de la ville. Au cours de l'aventure, les deux personnages sont arrêtés par un policeman pour excès de vitesse en voiture. Toujours sous le signe de l'humour, tandis que le policeman dresse sa contravention, Harold et Maude enfourchent sa moto... et s'enfuyent à toute allure.

Harold et l'une des fiancées envoyées par l'agence matrimoniale à laquelle s'adresse Madame Chasen pour marier son fils.

Parallèlement à l'histoire d'amour entre Harold et Maude, le film est une vision satirique de la société américaine : l'armée, la police, la psychiatrie y sont fortement caricaturées. Ici, Victor, l'oncle d'Harold, représente le combat, la morale, la raison, la réussite : il est couvert de décorations et a perdu un bras à la guerre.

L'hommage que Maude rend à la vie et son amour pour la liberté se doublent d'une attitude libertaire et d'un esprit pacifiste. Harold adhère à cet idéal, mais ne renie pas pour autant son naturel espiègle : il effraye Maude en agitant devant son visage un horrible petit totem.

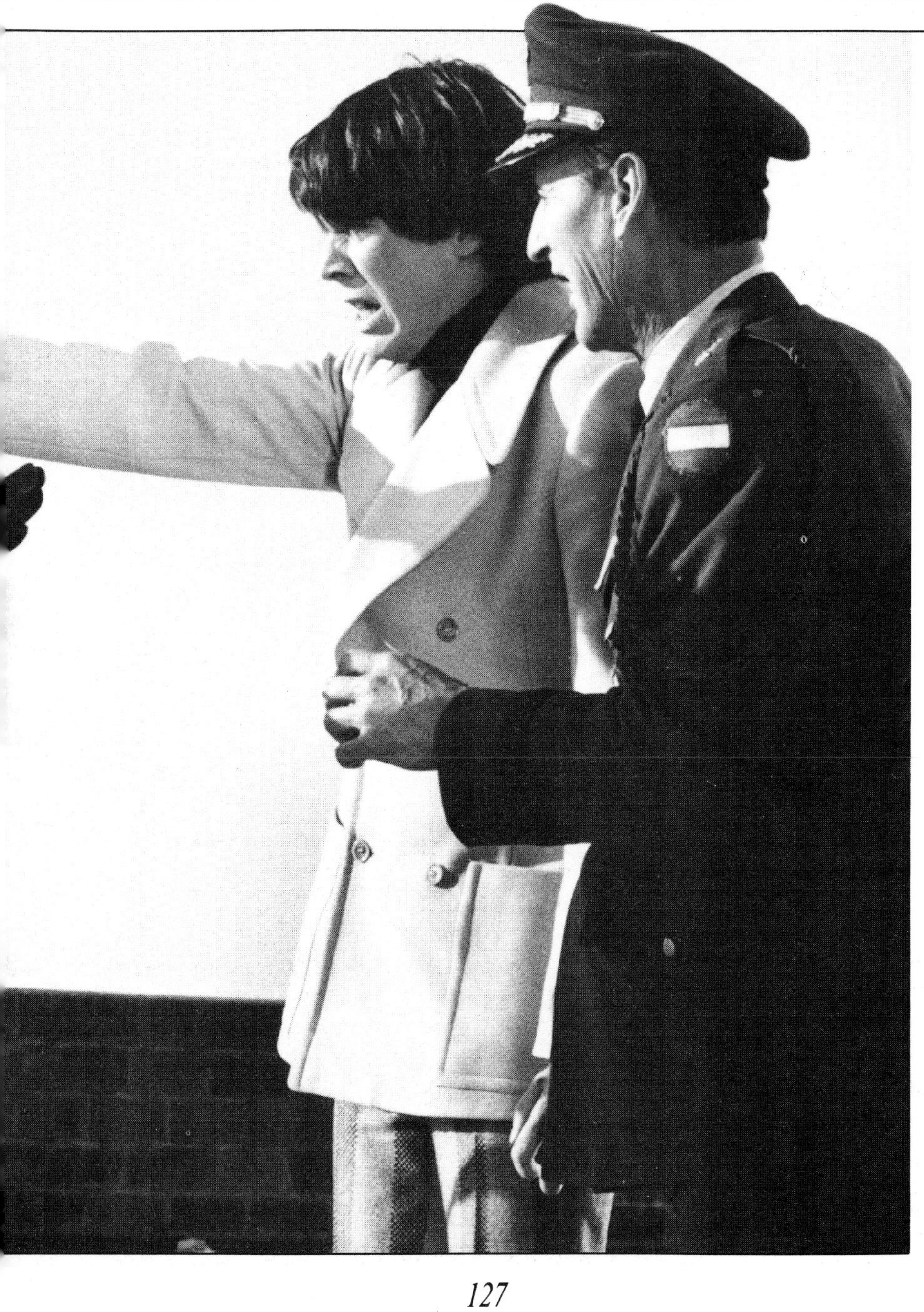

Table des illustrations

Imprimé en France par OFFSET-AUBIN à Poitiers. D.L. février 1985. Imprimeur, n° P 13253